資源カオスと脱炭素危機

山下真一

日経プレミアシリーズ

プロローグ――脱炭素でも化石燃料に脚光の皮肉

企業も投資家も駆け足に

２０２２年2月のロシアによるウクライナ侵攻は、原油、天然ガス、金属の分野にも大きな影を落とした。コロナ禍から世界の需要が回復しつつあるさなかに、生産が一段と制約される状況になり、コモディティーがそろって高騰した。

需要と供給のバランスが崩れることによってコモディティーが高騰する局面は過去にもあった。ただ、21年から本格的に始まった高騰は、過去の局面とは状況が大きく異なる。地球規模で温暖化ガス排出量削減への取り組みが始まり、加速する「脱炭素」の動きがコモディティーを揺さぶっている。

脱炭素は、新聞やテレビのニュースで耳にしない日がないほど定着してきた。世界各地で起きる干ばつや高温などの異常気象が、地球温暖化の深刻な状態に警鐘を鳴らし、

図表1　IEAが描く脱炭素シナリオ（エネルギー供給に占める割合）

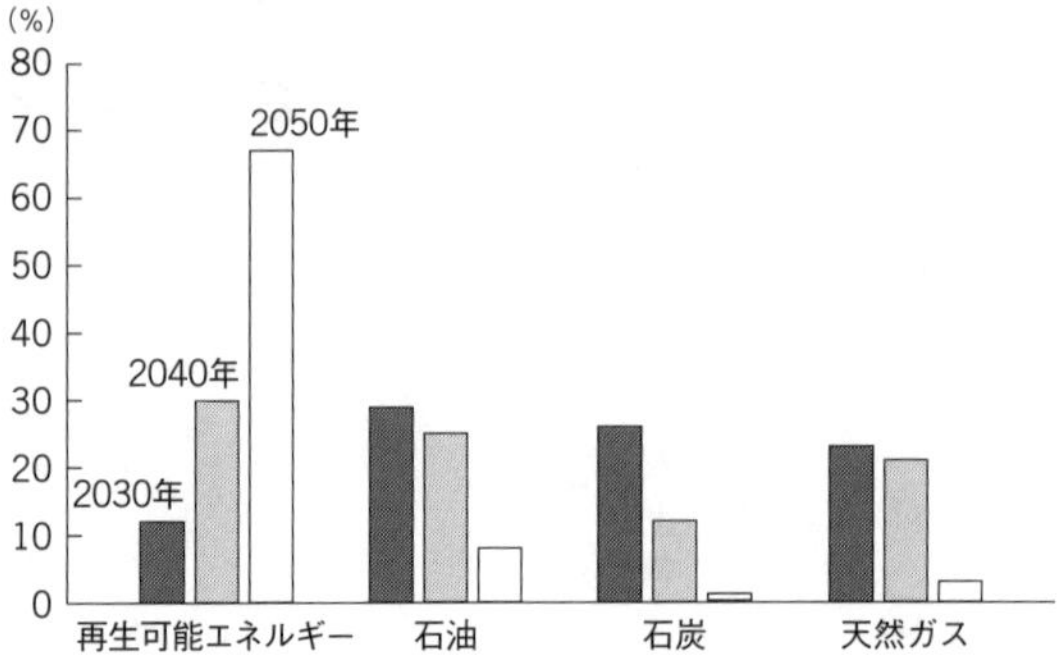

（出典）Net Zero by 2050

早急に対策をと迫っている。そして目先の最も重要な対策は、再生可能エネルギーを使う発電を増やし、電気自動車（EV）を普及させることだとされている。

21年5月に国際エネルギー機関（IEA）が発表した脱炭素の工程表「Net Zero by 2050」は、世界が進むべき針路を明確に示した。[1]

50年までに温暖化ガス排出量を実質ゼロにする。そのために①化石燃料への新たな投資を停止する②35年までにガソリン車の新規販売を中止する③50年にエネルギー供給に占める再生可能エネルギーの割合を約7割に引き上げる、が柱だ（図表1）。

脱炭素の動きは投資の世界も変えた。投資家はＥＳＧ（環境、社会、ガバナンス）の基準をもとに企業を選別し、投資するかどうかを決めるようになった。投資行動を通じて企業に温暖化ガス排出の削減やコンプライアンス重視を迫っている。

投資の世界では、世界の年金基金、生命保険会社、証券会社、投信会社が、化石燃料企業への投資をやめる「ダイベストメント」も盛んだ。投資対象から外すことで企業に圧力をかけ、環境への取り組みを強化させる。こうした投資から手を引く「ネガティブ型」の一方で、株主が積極的に議決権を行使し企業に圧力をかける「ポジティブ型」も活発だ。石油大手エクソンモービルの21年5月の株主総会では、環境派の株主が推薦した取締役が選任された。

価値観のコペルニクス的転回

企業や投資家が脱炭素の理想に向かい奔走を始めた結果、資源の世界ではこれまでの常識が通じない事態が起きている。長く「当たり前だ」と考えられてきたことが、過去の遺物のようになった。最も大きな変化は資源の世界で市場原理が働きにくくなったことだ。

例えば、これまで石油会社や鉱山会社は、価格が高騰すればタイミングを捉えて投資を増やし、増産に動くのが当たり前だった。それが市場原理に基づいた行動であり、株主の利益とも合致していた。ところが、脱炭素時代には別の原理が働き始めた。

排出量の多い化石燃料は生産を抑えるべきだ、鉱山の開発は環境破壊につながるから減らすべきだ……。環境への配慮を優先するこうした新しい考え方が、資源会社や株主に浸透し、価値観のコペルニクス的転回が起きている。

需要サイドでも異変が起きている。金属の価格が高騰すれば需要が落ち、いずれ価格は落ち着き始めるはずだが、脱炭素時代には需要が落ちるどころか急増する。ＥＶや再生可能エネルギー発電は、銅やニッケルなどの金属を大量に使う。政府が販売や導入の目標を定め、補助金などで後押しするため、価格が高騰しても、金属の買いの勢いが大きく衰えなくなった（図表２）。

「もはや時代遅れだ」と切り捨てたはずの化石燃料が、かつてないほど注目される皮肉な事態になった。脱炭素への知恵を絞る各国政府が、その一方で化石燃料の調達に頭を

図表2　資源を取り巻く状況は大きく変化した

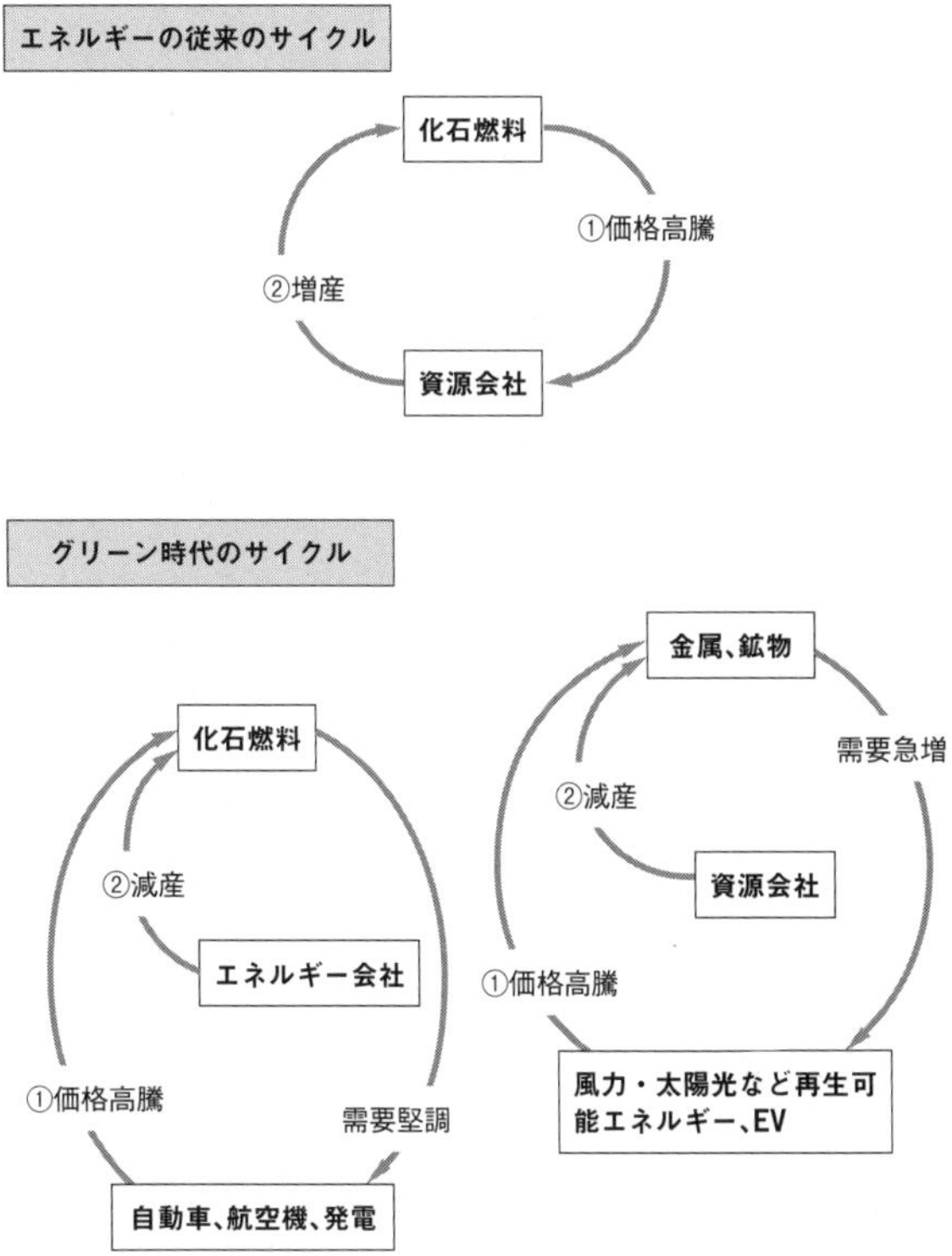

悩ます葛藤に直面している。

絵を描くとき、前にある物を大きく、後ろの物を小さく描くのが遠近法で、反対に後ろにある物を大きく描くのが逆遠近法だ。現在のエネルギーを取り巻く状況を風景画にするなら、遠くにある化石燃料が、近くの再生可能エネルギーより大きく描かれる逆遠近法で構成されている。

こうした逆遠近法で描かれた絵画を見つめるまなざしには3つのタイプがある。

1つ目は守旧派で、原油や石炭など化石燃料はやはりエネルギーの主役であり続けるとみる。一部の産油国やエネルギー業界の関係者に多い。

2つ目は懐疑派で、脱炭素時代が来ると信じてきたが、不信感を抱き始めている。アナリストや一部の産油国にみられる。

3つ目は理想派で、資源が高騰する現実をあえて見ない立場だ。脱炭素シナリオを推進する立場の人や「グリーン」の推進をビジネスと捉える投資家らだ。

混沌とした今の状態を何十年後かに振り返ったとき、エネルギー交代が実現する前の混乱した過渡期と位置づけられるのだろうか。それとも、脱炭素が逃げ水のように後ずさりしていて、今も昔も変わらないと嘆くことになるのか。

世界の専門家は「こうなるべきだ」という理想や、「こうなるだろう」という予想を語っているが、誰も「こうなる」と自信を持って断言していない。不確実なことが多すぎて見通しがききにくいのだ。

脱炭素は世界のコンセンサスになったが、一方で目の前では化石燃料が高騰している。現実を見ないまま理想を語っても解決策は浮かばないし、対応の遅れは症状を一段と悪化させる。まずはそれぞれの資源の現実を細かくみることから始めるべきだろう。

目次

第4章 食料高騰のカオス 141

第5章 環境重視か資源確保か

第1章

原油のカオスが始まった

20世紀は「石油の世紀」だった。
産業と経済の急拡大を支えた原油が、
環境意識の高まりを受けて、歴史的な転換点を迎えている。
写真は1859年、アメリカのドレーク油田＝AP／アフロ

「原油高騰はいつまで続くのか」と、市場が懸念を強めている。２０２０年４月にニューヨーク市場で、原油相場が初めてマイナスをつけてから日が浅いのに大きな変わりようだ。高騰はコロナ禍からの需要回復による一過性のものではなさそうだ。脱炭素の潮流が産油国、石油会社、株主の考え方を劇的に転換し、原油を取り巻く構図を一変させている。

1 世界の供給地図に異変

増産「しない」ではなく「できなくなった」ＯＰＥＣ

世界の供給のカギを握る石油輸出国機構（ＯＰＥＣ）プラスは22年6月、原油の追加増産で合意した。ようやく重い腰を上げた形だ。21年に原油価格が高騰した局面では、供給不足に懸念を募らせる各国首脳の要請を受けてもゼロ回答を続けた。

産油国が価格下落につながる増産を積極的に選択したがらないのはある意味、当然のことではある。ところが、本当は別のところに理由があるとみられている。増産する余力に乏しいのだ。

「OPECプラスのうち、サウジアラビアとアラブ首長国連邦（UAE）は輸出を増やしたが、その他の国は21年に減っている」。石油分析会社ボルテクサはこう指摘した[1]。その証拠にアジア地域への輸入は北アフリカ、西アフリカからの分が減少したという。サウジやUAE以外の国々は、生産を大きく増やすことに慎重になり始めたとみられる。世界的に脱炭素の動きが強まり、将来の原油需要に確信が持てなくなった中で、開発投資を増やし、増産体制を作ることにリスクがあると考えている。

増産余力とは、米エネルギー情報局の定義では30日以内に生産を増やせる量を指す。世界が供給不足などに見舞われた際、取り急ぎ増産できる量のことだ。サウジアラビアとUAEを除くとこの余力が減ったようなのだ（図表1－1）。

国際エネルギー機関（IEA）も21年10月のリポートで「OPECプラスの21年1～3月の生産余力は日量900万バレル。22年4～6月までに400万バレルに減るう

図表1-1　OPECの増産余力

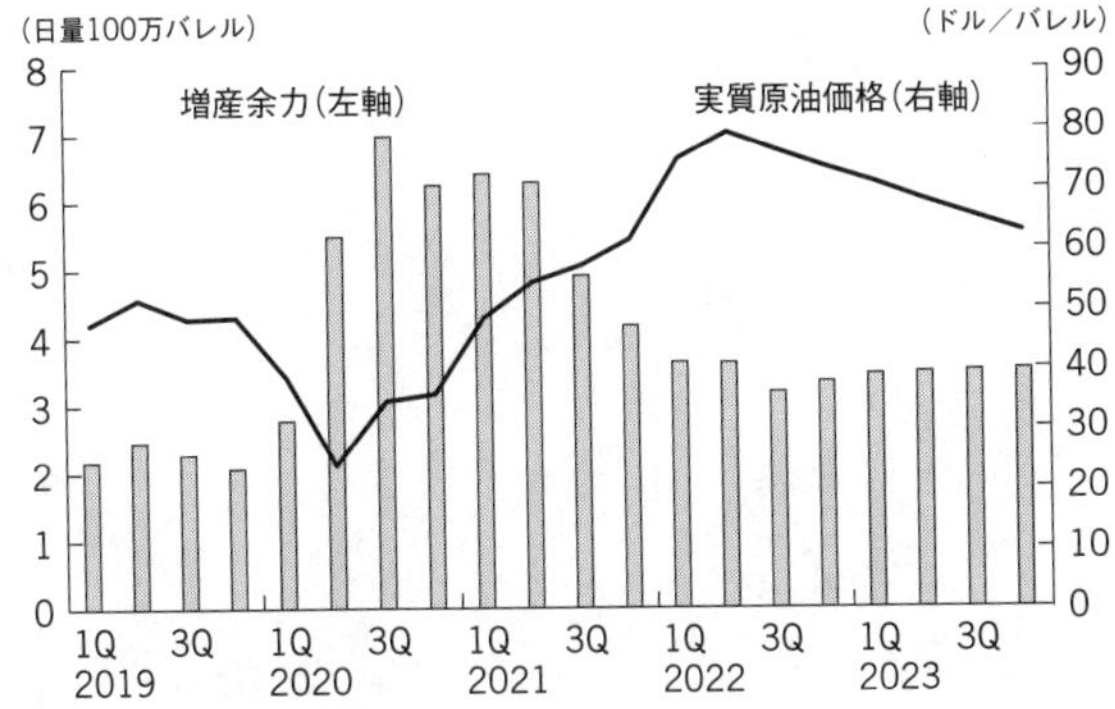

（出典）米エネルギー情報局

え、中東の数カ国に集中している」などと指摘した。22年1月にはOPECプラスは生産の目標値に日量90万バレル足りなかった。[2]

ＯＰＥＣプラスは、豊富に埋蔵している分から簡単に増産できるという時代ではなくなった。増産「しない」のではなく、そう簡単に「できない」のだ。

ＯＰＥＣからの安定供給を前提にした需給見通しは修正を迫られることになる。ビジネスを取り巻く環境が複雑になり、未来が予測できない先行き不透明な情勢を「ＶＵＣＡ（変動性、不確実性、複雑性、曖昧性）」と呼ぶ。原油市場はまさに

OPECプラスの増産余力は減っている＝ロイター／アフロ

VUCAの時代に入った。

地政学リスクに振り回される市場

原油市場のVUCAに拍車をかけているのは地政学リスクだ（図表1―2）。21年末から22年初め、その後のロシアによるウクライナ侵攻を先取りするかのように、産油国の問題が地球を一周した。

- 日量160万バレルの産油国、中央アジアのカザフスタンでは、燃料高に端を発したデモ隊と治安部隊が衝突した。
- 北アフリカのリビアでは、国内情勢が

図表1-2　原油市場の供給サイドの要因

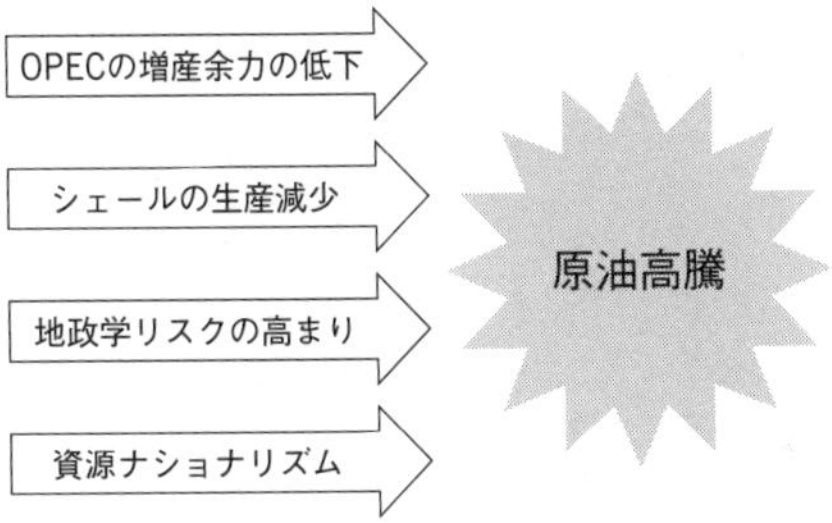

混乱するなか、主要油田の生産を停止し、輸出について契約上の義務を果たせないとして不可抗力（Force Majeure）を宣言した。

- 中南米メキシコの国営石油会社は国内消費を優先し、22年の輸出を半減すると表明した。
- UAEの首都アブダビでは、石油施設で攻撃と見られる爆発が起きた。ニューヨーク原油先物は7年ぶり高値を付けた。

カザフスタン以外の産油国が政情不安になったらどうなるか。メキシコからの原油

図表1-3　産油国の紛争と原油相場の反応
（発生の1カ月前を100として指数化）

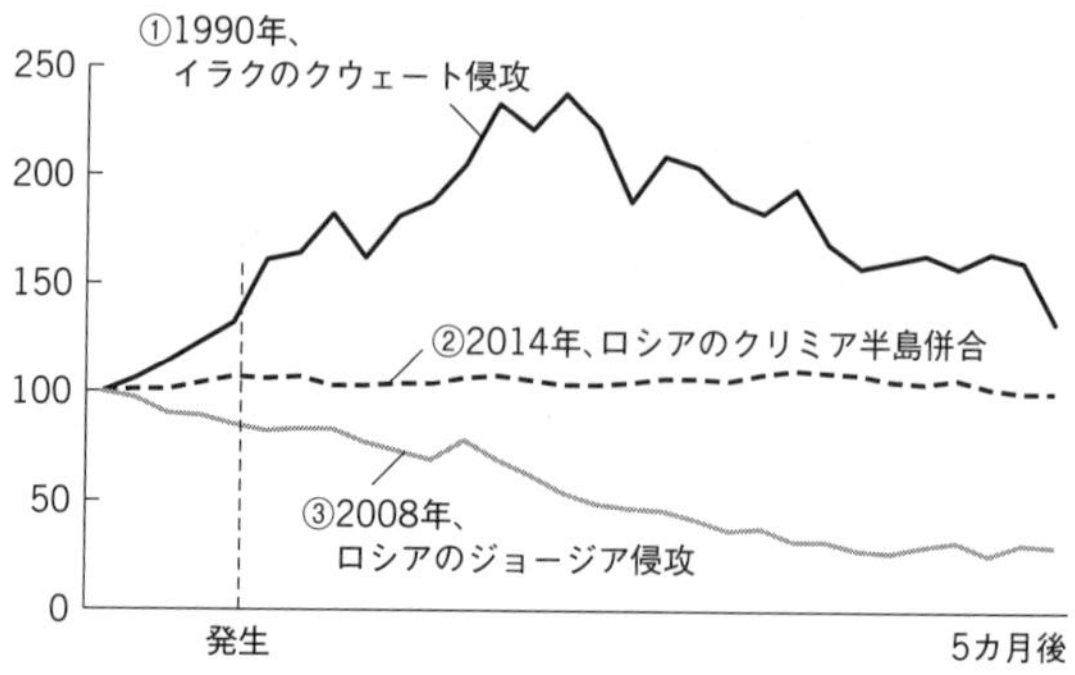

輸入が多い米国は、仮に本当に輸出を減らされたらどうなるか。そんな懸念を市場は杞憂《きゆう》ではなく、差し迫った脅威と受け止め始めた。

過去に産油国で起きた紛争が、必ずしも原油相場を高騰させてきたわけではない。紛争と相場の関係を振り返ると、主に3つのパターンがある（図表1－3）。

①原油相場が跳ね上がり、影響が長引く（1990年、イラクによるクウェート侵攻）

②基本的に横ばい（2014年、ロシアによるクリミア半島併合）

③反応せず、下落基調になる（2008年、

ロシアによるジョージア侵攻）

紛争の規模、その後の世界の対応や経済制裁にも相場は左右されるが、２０００年以降、原油相場は紛争の影響を受けにくくなった。シェール石油の生産が本格化し、米国は最大の産油国になった。それにともない中東への依存度が低下、調達先が多様化して、紛争が影響するリスクが低下したためと考えられる。

ところが、足元ではこの経験則が通じなくなってきた。世界の原油の供給地図が塗り替わり、米国は一転して原油の輸入量を増やし始めた。国内でシェールの生産が頭打ちになったことが原因だ。その分、市場は産油国の紛争に揺さぶられるリスクが高まった。22年2月のロシアによるウクライナ侵攻はそうした状況の中で起きた。

2 米国で何が起きているのか

ロシア侵攻があぶり出した問題

ロシアの侵攻と、その後に米国が科した原油輸入停止の制裁で、原油市場は混乱し相場が高騰した。投資家は高値が近いとの判断から買いポジションを縮小したのに対し、製油所など実需筋のヘッジが相場高騰を主導した。

ロシア産原油である「ウラル」は重質原油で、米国で主流の軽質原油のWTI（ウエスト・テキサス・インターミディエート）などに混ぜて、比重を調整して使うことが多い。製油所は新たな調達先を探す必要があった。

代替となる重質原油の調達先は、米国の近隣にはベネズエラとカナダがある。ところが、ベネズエラは米国による経済制裁の下にあり、米議会では制裁解除に慎重な声も多

図表1-4　米国の原油輸入量でロシアが一時、メキシコを上回った

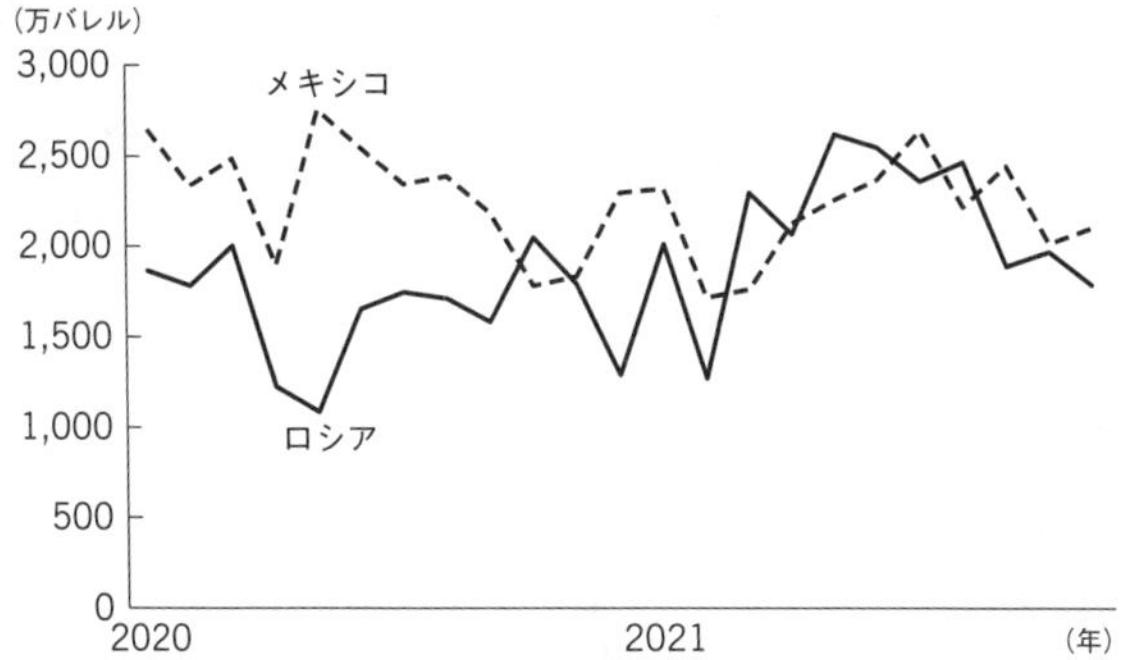

(出典) 米エネルギー情報局

かった。カナダはパイプラインがフル稼働に近く、輸入を増やすのが難しかった。

対立してきたロシアからの原油輸入停止が、米国の相場を揺さぶるのは、21年からロシアからの輸入が急増し、看過できないほどの規模になっていたからだ。[3] 輸入量は一時、過去最大に膨らみ、隣国のメキシコを上回ってカナダに次ぐ2位に浮上した。21年後半には米国の輸入量の約７％がロシアからだった(図表１－４)。

米国の原油調達における地政学リスクが警戒されていたころに、ロシアによるウクライナ侵攻が起き、問題が深刻であることを強く認識させた。

米国がロシア産原油への依存を高めたのは、やむを得ない事情があった。米国内で原油の生産が回復しないのだ。シェール石油の生産量はコロナ禍で激減した20年に比べ、緩やかな回復傾向があったとはいえ横ばいの域を出ない。原油価格が高騰した中でも、シェール各社は増産に慎重姿勢を崩さなかった。

シェールは2000年代以降の米国のエネルギー政策の支えだった。紛争の危険のある中東地域に依存すると、地政学リスクに巻き込まれる可能性がある。2000年代初め頃から米国内でシェール生産が本格化し、世界最大の産油国になったことで、地政学リスクから解き放たれ、いわば自給自足によって安定を手に入れた。

米シェールはなぜ増産に慎重か

最近のシェール会社は、新しい掘削を絞る一方で、掘削済みの油井から生産を続けるため、生産の余地が減りつつある。人件費などのコストも高騰し、「開発の伸びが鈍っている」（米ダラス連邦準備銀行）という。

シェール会社が増産に慎重な様子は、財務に如実に表れている。

米シェールの生産は停滞している＝AP／アフロ

企業の営業活動で得たキャッシュを指す営業キャッシュフロー（ＣＦ）から、設備などへの投資のキャッシュを指す投資ＣＦを引いたフリーＣＦ（事業で稼いだ現金のうち自由に使える現金）。このフリーＣＦが21年1～3月期に急増した。英データ会社のエバリュエイトエナジーが調査した、米石油33社の合計フリーＣＦはここ数年で最も多い約40億ドルだった[4]。

　原油高で営業ＣＦが増える一方で、石油、ガス開発への投資を絞って投資キャッシュフローが伸び悩んだため、引き算したフリーＣＦが増えた。

　これまで33社の営業ＣＦと投資ＣＦは基

本的にほぼ同水準で推移してきたが、コロナの感染拡大を契機に、急速に投資に慎重姿勢に転じた様子が見て取れるという。

なぜシェール会社は慎重姿勢に転じたのか。理由の1つは、20年のコロナ禍による原油下落で業績が悪化、負債が膨らんだため、その返済を優先したことにあると考えられる。

エバリュエイトエナジーによると「20年7～9月から、投資を上回る割合で負債の返済が増えている」という。投資を増やして将来の原油増産に手を打つより、目先の株主への還元や財務体質の改善を優先する姿勢が鮮明だ。株主も、業績が厳しいなかで財務に規律を求め、油田の開発を進めるより還元を求めている。

業績急回復でも動かないシェール

22年1～3月期の決算は、原油高騰を受けた米シェール会社の復調を印象づけた。コロナ禍で経営危機に陥ったときの傷痕はほぼ癒えたといえるほどの業績を上げた。それでも増産に対する慎重姿勢を変えることはなかった。

独立系のデボン・エナジーは、営業ＣＦが18億ドルで、フリーＣＦは過去最高の13億ドルになった。[5] 数年前までなら、業績が好調なら増産投資に回すことを検討していたが、いまはあくまで株主還元にこだわっている。

収支説明会での幹部の発言は象徴的だ。「株主への還元を加速させることが最重要課題となっている」[6]。原油増産にはほぼ触れず、株主還元策の説明に終始した。

パイオニア・ナチュラル・リソーシズの決算資料には、フリーＣＦの約９割を配当と自社株買いに充てることが強調され、増産には触れていない。

原油増産はもはやシェール会社の資金使途の選択肢に入っていないのだろうか。別のシェール会社は「生産基盤の効率的な拡大は長期的に可能だが、現在は増産に見合わない投資を始めるのに適切な時期ではない」と述べた。[7] 将来の原油需要にも原油価格にも不透明感がある中で、増産投資の決断はリスクが大きいとみている。

環境保護と資源確保の間で揺れる政府に対する不信感も増産に慎重になる一因だ。バイデン政権の主要政策の１つは環境対策にある。シェール会社はあたかも脱炭素時代の「悪役」のように扱われたが、原油が不足すると増産を呼びかけてくる、ちぐはぐさに違和感を覚えている。

仮に要請に従って投資を増やし、増産をして、その後、需要が減って価格が下がったらどうするのか、という懸念も拭えない。

「政府はもっと石油をくみ上げる必要があると業界に訴えた。それはいいことだが、投資を抑制し、インフラを阻害する政策を変えようとしない。その証拠にホワイトハウスはさらに多くの許認可を遅らせる規則を発表した」。業界団体のアメリカ石油協会は政策の矛盾をこう指摘した。[8] そして、石油会社の扱われ方に不満を述べた。

政府の増産要請に重い腰を上げないのは、シェール会社の関心はもはや増産ではなく株主還元に向いていることに加え、政府とシェール会社が同床異夢の状態にあることも大きい。

経営者の意識も「環境優先」へ

シェール会社の変化の背景には、何と言っても経営者の意識がここ1、2年で急速に変化したことを見逃せない。経営者が受け取る報酬の体系が、環境への配慮を優先した方が評価される仕組みになりつつある。

コンサルティング会社アルバレス＆マーサルの21年の調査によると、米国の主な石油会社のうち、生産量の増加に応じて最高経営責任者（ＣＥＯ）の報酬を増額するインセンティブを導入したのは47％のみだった。対照的に、80％はＥＳＧ（環境、社会、統治）や安全の目標を盛り込んだ。

つまり、経営者は、増産するより、再生可能エネルギーや環境ビジネスに軸足を移した方が報酬は高くなる時代になった。これでは、時間やコストのかかる石油探査や開発にあえて乗り出そうとする経営者は減らざるを得ない。

石油会社が原油増産を第一目標に掲げなくなった結果、何が起きたか。「価格が高騰すればすぐに増産を検討する」という石油会社の従来の原則が通じなくなった。このため、生産量が伸びなくなり、需要が増えると在庫量が減り、価格が高騰する構造になった。

エネルギー情報局（ＥＩＡ）が毎週発表する原油在庫のデータで、とくに米石油産業の最大の原油貯蔵地、オクラホマ州クッシングの在庫量が目に見えて減少する傾向にあ

図表1-5　米国の原油生産量

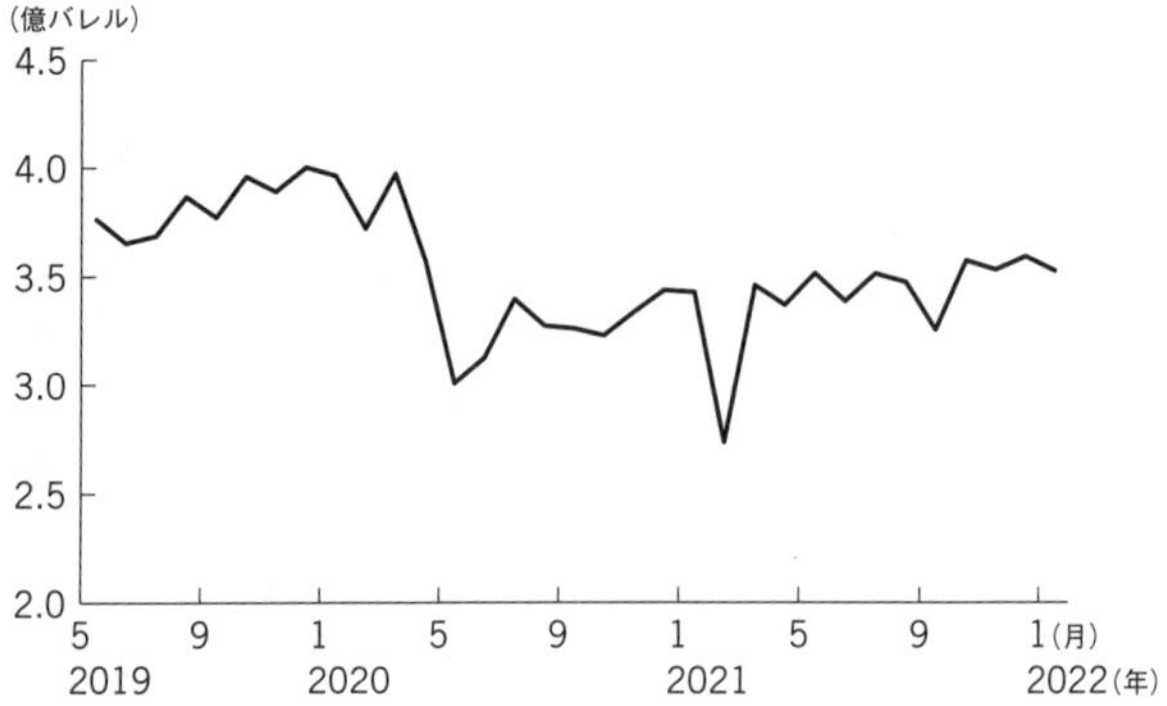

（出典）米エネルギー情報局

図表1-6　米クッシングの原油在庫量

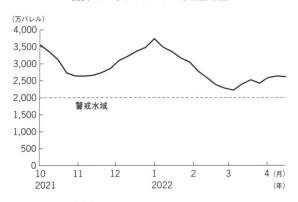

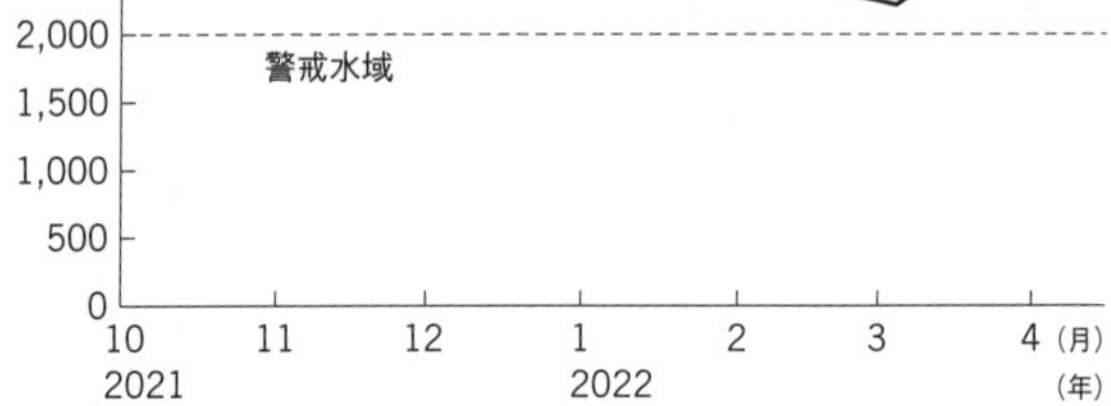

（出典）米エネルギー情報局

る。21年後半から、警戒水域とされる２０００万バレルに接近し始めている。このまま在庫が減少すると、価格に大きく跳ね返ることになる（図表１－６）。

最大の生産、消費国の米国が直面しているのと同じ状況が、世界各地で共振するように起きている。

3 石油メジャー、環境派への転身

埋蔵量を重視しなくなった

米エクソンモービルや英ＢＰなどメジャーと呼ばれる世界の大手石油会社が未曽有の転身を遂げている。経営の軸足を石油、天然ガス生産から環境ビジネス重視へと切り替え始めた。

英石油大手ＢＰが21年３月に発表した20年の年次報告書は話題を呼んだ。石油会社が

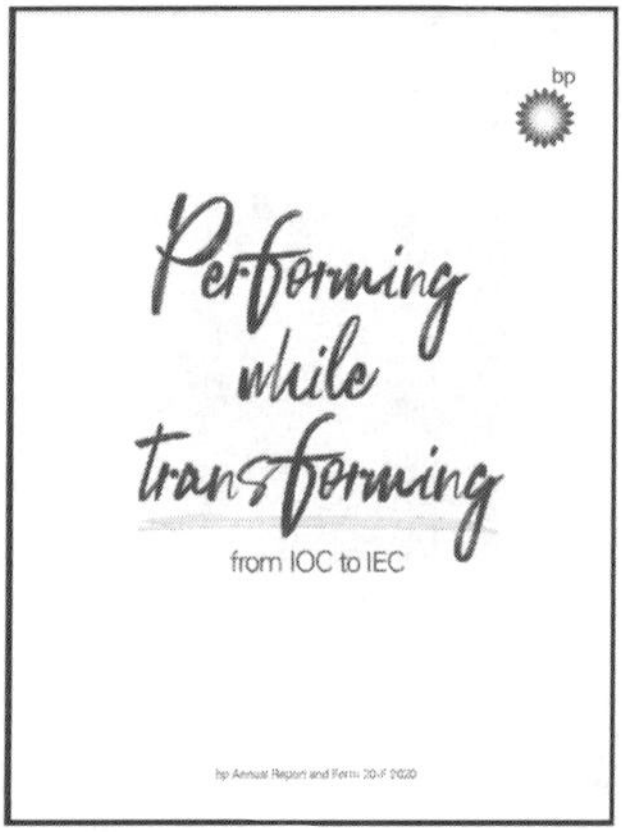

英BPの年次報告書

長く重視してきた指標の1つ、「RRR（リザーブ・リプレースメント・レシオ）」を経営上の重要指標からはずした。[10]

RRRとは生産により減少した原油・ガスの埋蔵量をどれだけ回復できたかを示す。水筒の水を飲み続け、補充しないと空になるのと同じで、生産した分を回復しないと埋蔵量が減り将来の生産に不安が生じる。

RRRは石油会社があと何年生産できるかを知る手掛かりでもあり、投資家にとっては評価する材料でもある。石油会社は油田の開発や買収を強化して、埋蔵量を増やす努力を続けてきた。

BPの方針変更は、再生可能エネルギーを含む総合エネルギー企業への転換が狙いだ。原油・ガスの埋蔵量の回復はもはや「有効な物差しではない」と判断したようだ。

図表1-7　エクソンモービルの投資額

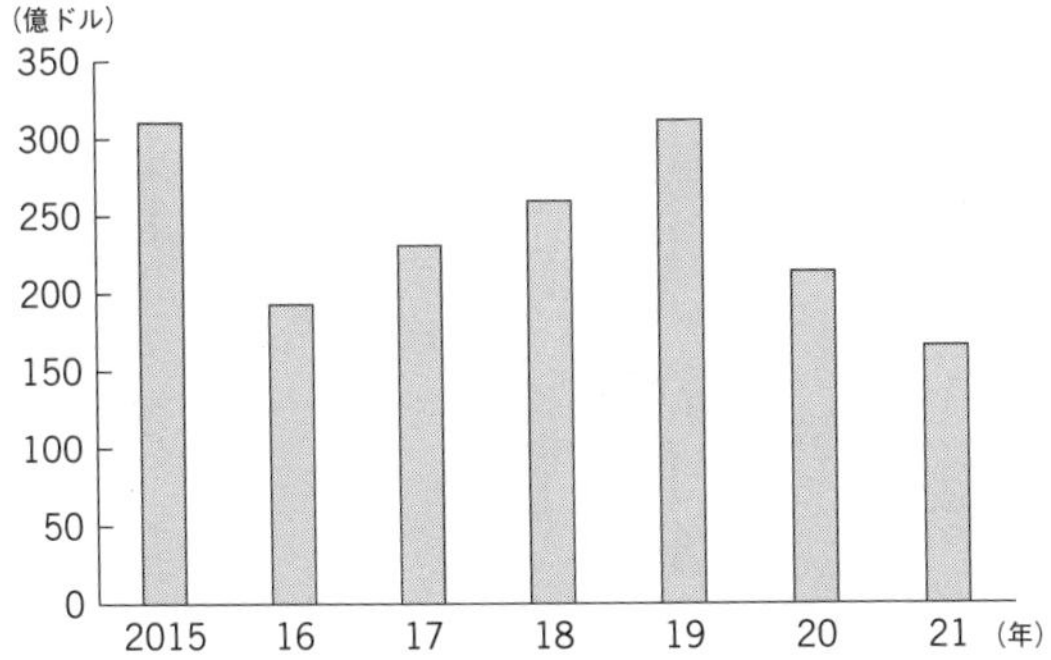

(出典) エクソンモービル

メジャー各社の決算からは、石油・ガスの生産だけを主要なビジネスにする時代は去りつつあることをうかがわせる。

まず投資の方向性が大きく変わった。エクソンモービルは開発などに充てる投資額は20年、21年と減少が続いたが、27年までは年200億～250億ドルを維持すると発表した[11]（図表1－7）。ところが、その内訳は油田の開発を重視するのではなく、温暖化ガス削減に合計150億ドル投資するという。エクソンの変身を象徴する内容だ。

石油の歴史を背負ってきた会社が、温暖化ガス削減に取り組むというのだ。「国連気候変動枠組条約締約国会議（COP）」のパリ合意に沿う形で、「スコープ1」（自社による温暖化ガス排出）、「スコープ2」（電気・エネルギーの購入による間接排出）を削減する目標も立てた。石油メジャーが老舗の看板へのこだわりを捨て、新しい時代に適合しようとする姿に映る。

石油王ロックフェラーの言葉に「成功したいなら踏みならされた道ではなく、新しい道を開け」というのがある。石油メジャーはまさに新しい道を開き始めたのかもしれない。

投資減がもたらす生産問題

石油メジャーは環境分野で、とくに水素製造、電気自動車の充電などへの進出が目立つ。エバリュエイトエナジーによると、石油・ガス会社は21年、脱炭素に関わる分野で、積極的にM&A（合併・買収）や投資に動いた。[12] シェル、英BP、仏トタルエナジーズ、米シェブロンなどが、グリーン事業に明確に軸足を移す模索を始めた。

こうした石油メジャーの歴史的な転換は、世界の温暖化対策に間違いなくプラスだ。しかし同時に、世界の原油供給が不足しないかという懸念にもつながる。供給の屋台骨を支えてきた主役が降りてしまうと、次の担い手が見当たらないからだ。

資源投資のゲーリング・アンド・ローゼンクワイフは、石油メジャーが原油投資を減らす現状を「危険だ」と警鐘を鳴らす。エクソン、シェル、シェブロン、トタルの4社は、過去20カ月に渡り原油とガスへの投資を大きく減らした結果、19年からの生産量は10％減ったという。[13]

中でもシェルは13年から20年まで、油田開発の上流部門への投資を約6割減らしており、この水準が続くと、9年後には生産量が40％減ると予想する。

石油会社が原油に軸足を置き、増産によって最大限に利益を追求するという、共通の価値観に基づき行動する時代は去りつつある。各社はそれぞれの株主の意向を受けながら、脱炭素の方へ向かう準備を始めた。

その一方で世界の原油依存が当面続くとしたら、確かに現在の状況は危ういかもしれない。市場の一部にある、想像を超えた高騰を予想する見方は必ずしも杞憂《きゆう》と言い切れないだろう。

油田の発見は難しくなっている＝ロイター／アフロ

油田開発の歴史的転換

原油生産は時間がかかる。石油会社は油田、ガス田を探すことから始め、掘削し、生産を始める。しかし、投資を減らしながら試掘することは限界もある。その結果、有望な油田がなかなか見つからない時代になった。

21年に世界で発見された油田、ガス田の数は75年ぶりの低水準だった――。ライスタッド・エナジーの調査は、世界が直面する深刻な問題を浮き彫りにした[14]。これは第二次世界大戦直後と同じ水準だという。

世界が経済成長を遂げる中で、原油生産も需要に応じ増えたが、その歴史を逆戻りするかのように油田開発が転換点を迎えている。新規の油田、ガス田を発見できない状況では、生産がいずれ先細りになるのは避けられないだろう。

「油田への投資を増やさないと大変だ」という危機感が産油国からも聞かれ始めた。主要産油国オマーンのエネルギー・鉱物資源省のトップは「もし化石燃料への新規の投資を止めると、エネルギーは枯渇し価格が高騰する。長期的には石油の需要は低下するだろうが、短期的には1バレル200ドルまでの上昇もありうる」と述べている。[15]

市場関係者も、「供給ショックを避けるには石油開発投資は50％以上増える必要がある」（大手格付け会社）とみる。

22年には米国の石油会社の投資額はやや増える見込みだ。ダラス連邦準備銀行の調査では、石油会社の44％が「少し増やす」と答えている。[16] とはいえ同じ調査で、生産コストが急増していることも分かった。掘削機の費用、電力料金、人件費が上昇するなかで、投資費用も増える公算が大きい。これでは実際に供給増につながる真水の投資がどの程度か不透明だ。

石油の開発投資が減ればいずれ生産減につながるという危機感は広がっているのに、

石油会社は増産に動かない。世界の原油依存度を下げるため、石油会社が環境重視に転換することは、IEAの示した2050年に実質カーボンゼロを目指す工程表に沿った動きではある。しかし、それはエネルギー源が劇的に交代し、原油の需要が減るという前提に立っている。現実には逆に需要が増えているのだ。

環境という前向きの歯車と、原油という後ろ向きの歯車がかみ合わなくなっているようにみえる。

4　2050年の原油需要は？

専門家も予想を間違える

「原油2億バレルはどこに消えた」。22年の年明け早々、原油市場である問題が浮上した。

ＩＥＡが発表した21年の世界の原油在庫量は「4億バレル減少」だった。ところが、実際には6億バレル減っていたことが判明。その差の2億バレルは、世界の消費量の2日分程度にすぎないとしても、権威ある国際機関の間違いは混乱を招いた。ＩＥＡは計算に間違いがあったことを認めた上で、原因は供給と需要の両面で想定外の事態にあったとしている。

まず、ナイジェリア、アンゴラの生産量が予想以上に少なく、ＯＰＥＣプラスの増産が計画を下回った。21年12月の世界の生産量は微増の日量９８６０万バレルにとどまった。

一方で需要はコロナのオミクロン株の影響が予想より小さいため急回復し、21年10～12月期は１１０万バレル増の日量９９００万バレルだった。

この計算間違いから浮かんだのは、ＯＰＥＣプラスの生産が伸びなかったこと、需要が想定以上に回復していることだ。修正した後のデータでは、生産量と需要量はほぼ拮抗していたことになる。

専門家をもってしても目先の需要を予想するのが難しいのに、温暖化ガス排出量の実質ゼロを目指す50年時点の需要状況を正確に予想できるものだろうか。

現在、石油会社、政府機関、市場関係者が描く需要見通しは千差万別だ。全く逆の予想すらあり、収束するのは難しい。

代表的な予想は、電気自動車と再生エネルギー発電の将来の普及の程度をもとに、需要が減少する未来図を描くものだ。石油大手の仏トタルエナジーズが21年9月に発表した見通しもその1つだ[17]。

トタルによると①30年より前に世界の需要はピークに達する②それ以降は減少を続け、50年には日量6400万バレルになる③大きく減少するシナリオでは50年に日量4000万バレルになるという。現状に比べ、需要はそれぞれ3割、6割減ることになる。

ほかの石油会社も似た見通しを立てており、各社が増産投資に慎重になる理由の1つはここにある。

こうした「需要ピーク論」は必ずしも世界的な信認を得ているわけではない。ほぼ反対の立場に立つ代表格が米エネルギー情報局（ＥＩＡ）だ[18]。21年10月に発表した見通し

図表1-8　EIAの原油（液体燃料）の需要予測

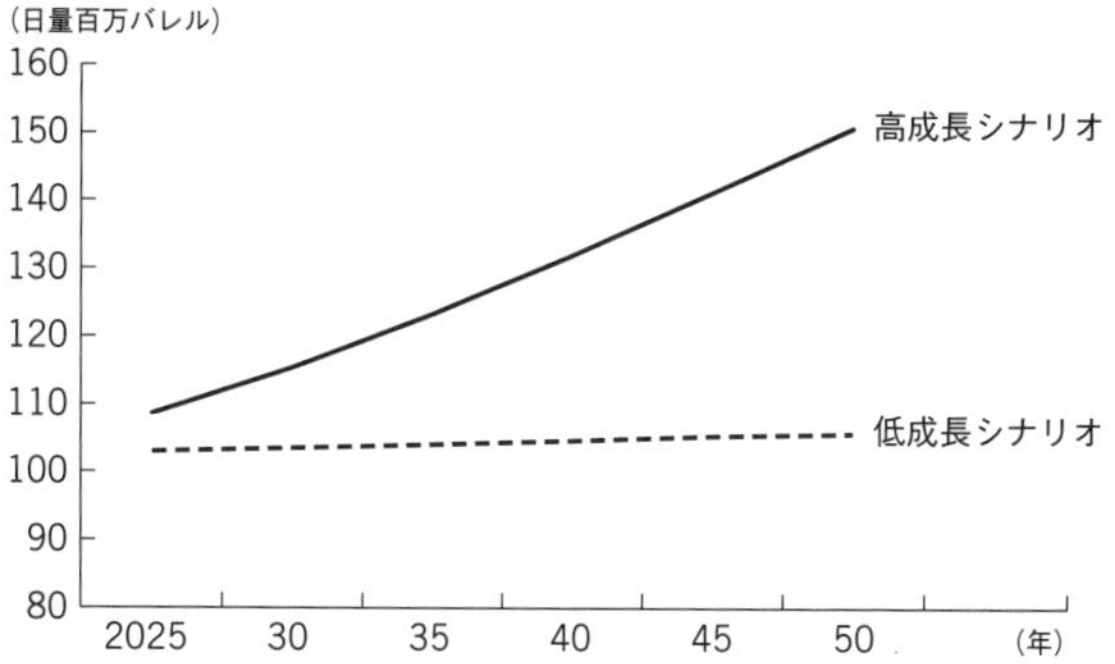

（出典）米エネルギー情報局

では、再生可能エネルギーが増える中でも、50年まで原油需要は緩やかな増加を続け、最大のエネルギー源であり続けるとみる（図表1－8）。

アジア地域を中心に需要は増え、生産も増えざるを得ない、再生可能エネルギーが台頭しても原油需要はそれほど後退しない――。いわば「需要サバイバル論」に立っている。一部の産油国もこの立場に立ち、減産を進めることに慎重な考えを示している。

深刻な「50年予想」のばらつき

「ピーク論」と「サバイバル論」のどちらが正しいか。現時点では誰も明確な判断材料を持たない。産業革命以来の大規模なエネルギー交代の足音は聞こえるが、30年後の本当の姿を正しく予見することができない。

予想のばらつきは年々、拡大する一方だ。石油会社や投資家が、それぞれ全く異なるシナリオに立脚して、生産計画を立て、相場を予想するのは奇妙な事態だろう。株価の予想なら強気派、弱気派がいて、それぞれの相場観で投資するのが当然としても、原油の需要予想は世界中の人々の生活に密接に関係する問題だ。確信のない予想に基づいて生産の計画を立てることは危険ではないのだろうか。

こうした状況に警鐘を鳴らす動きもある。産油国と消費国が閣僚レベルで対話する枠組みの国際エネルギーフォーラム（IEF）は、各機関が立てた、実質ゼロエミッションを目指す50年ごろの需要予測を比べた[19]。例えばOPECの描く高い成長を想定した需要シナリオと、国際エネルギー機関の「実質ゼロエミッション」に基づく需要シナリオの間には、日量8460万バレルの差があるという。

最も開きが大きいのは米エネルギー情報局と国際再生可能エネルギー機関（IRENA）で、需要予測の差は日量1億500万バレルで、これは現在の市場規模

図表1-9　2050年の各機関の原油需要予測は開きが大きい

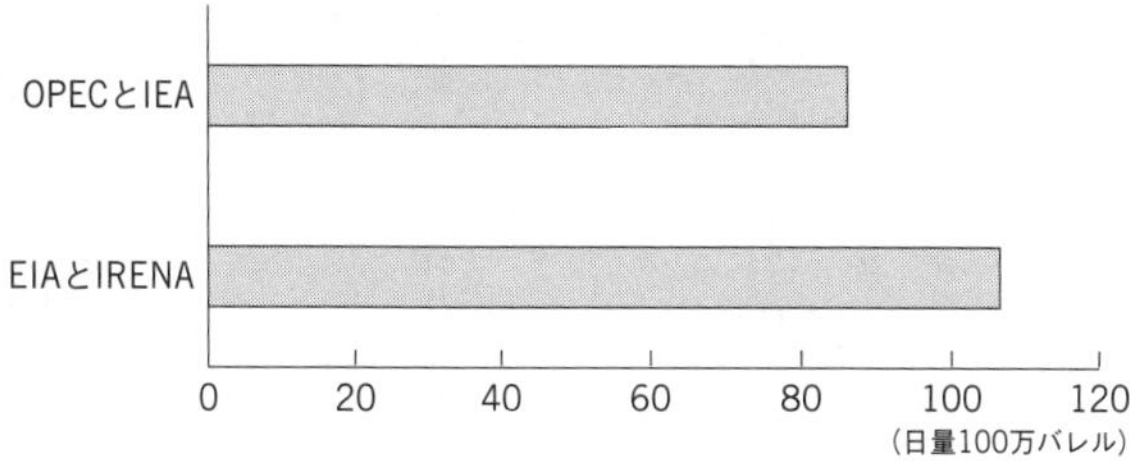

（出典）国際エネルギーフォーラム

より大きいとしている（図表１－９）。

ＩＥＦは「エネルギー価格の上昇と不安定さを背景に、目標達成のプレッシャーから年々、見通しが現在の市場の現実から大きくかけ離れている」と指摘。「シナリオのこの大きなギャップは、資本配分を決める必要のある投資家や企業や、政策立案者に大きな不確実性をもたらしている」と懸念を示した。

50年にエネルギー需要がどうなっているか、確信を持てないまま脱炭素が進んでいく。海図を持たない船が全速力で進んで行くようなものではないだろうか。

市場で増えた強気見通し

「石油の歴史で初めてのことが起きる」。資源投資会社ゲーリング・アンド・ローゼンクワイクは現状にこう警鐘を鳴らす[20]。需要と供給のギャップが深刻になり、初めて需要が世界の生産能力に接近する。1970年代の2度の石油危機でも起きなかったことだという。そうなると相場は大きく反応しかねない。

21年後半から市場では強気派が支配的だ。欧米大手金融機関のアナリストの相場見通しはほぼ8割が強気だ。

強気派の代表格とされる米ゴールドマン・サックスを先頭に、シュローダー、JPモルガン、バンク・オブ・アメリカが軒並み上昇シナリオを立てた。中にはロシアのルクオイルのように50年に380ドルという突出した見方もある。

石油会社もかつてないほど強気だ。米シェール大手のパイオニア・ナチュラル・リソーシズ。22年1月、米証券取引委員会（SEC）に提出した報告書は石油業界の転機を印象づける内容で、業界関係者を驚かせた[21]。

石油会社は通常、生産した原油が出荷の時点で安くなるリスクを回避するため、先物やオプションでヘッジする。ところが、パイオニア社の報告書によると、これまで取り組んできたヘッジをやめたことがわかった。

ボクシングの試合なら、ノーガードで相手に向かうようなものだ。パンチをもらうリスクはあるが、その確率が低いならばガードなしでも大丈夫と踏んだときの作戦だ。つまり、相場下落のリスクは小さいからヘッジする必要はないと判断している。シェール会社が原油価格に強気の相場観に自信を持っていることの裏返しとみられる。

なぜ、強気派が増えたのか。これまで脱炭素の動きが目立ち、ゼロエミッションで需要が減るという「ピーク論」ばかりに焦点が当たってきたが、最近になって原油需要はそう簡単に減らないという「サバイバル論」に目を向け始めたためかもしれない。遅かれ早かれ需給は逼迫するという危機感が日増しに強まっているようにみえる。

5 同床異夢の産油国

なぜ？ ノルウェーが増産

異なるシナリオに立脚する産油国や石油会社はそれぞれ戦略も違う。原油の生産、輸出に依存する度合いが高い国ほど、脱炭素時代に合わせ、産業構造を転換するのに時間がかかる。原油で潤ってきた産油国は簡単にドル箱の原油を手放すわけにはいかないのだ。

北欧の産油国ノルウェーの動きは象徴的だ。「石油ガス産業の収益性の高い生産を促進する」。21年6月、白書でこう宣言した。[22] 低炭素社会を目指す目標を掲げ、温暖化ガス削減に積極的に取り組む一方で、それと逆行するような方針表明だった（図表1－10）。

ノルウェーは増産の道を選んだ＝ロイター／アフロ

図表1-10　ノルウェーの原油生産量と予想

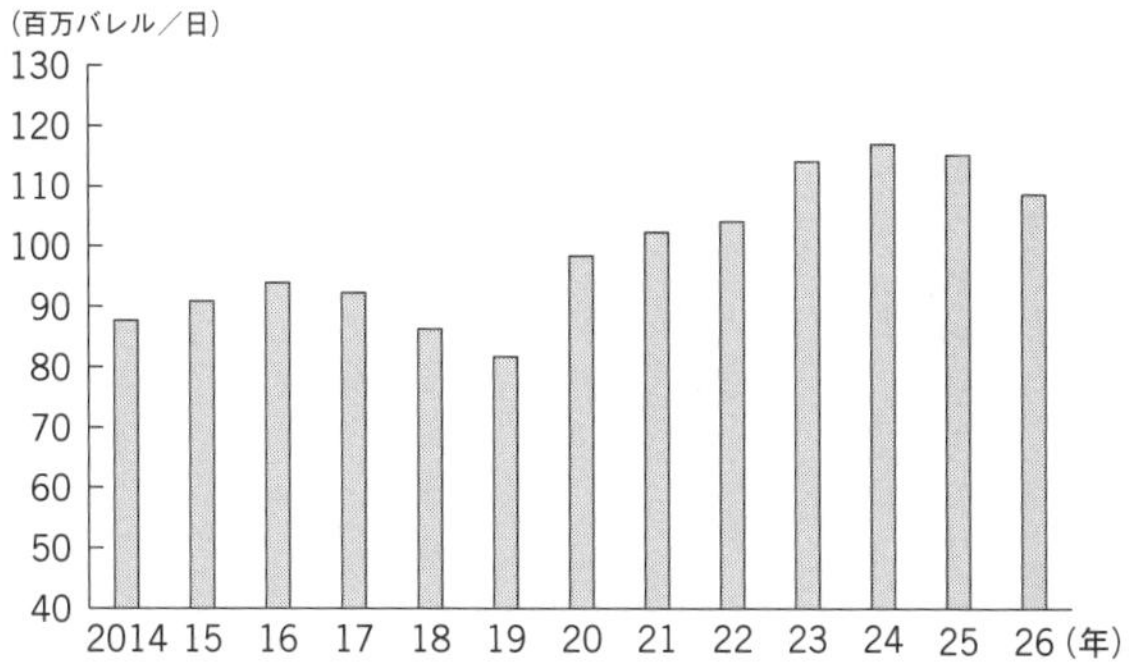

（出典）ノルウェー石油エネルギー省など

ノルウェーはその後、7つの石油会社に対し、沖合で4つの生産ライセンスを与えると発表。石油ガス産業の雇用を守る姿勢も鮮明にした。発表のタイミングは、IEAが50年のカーボンゼロの工程表を発表した直後だ。揺るぎなく石油開発を進める強い覚悟と受け止められた。

ノルウェーは西ヨーロッパ最大、世界では上位20位に入る産油国。輸出の約4割を石油・天然ガスが占める。洋上風力発電や水素などクリーンエネルギーの育成に乗り出してはいるが、石油を手放すほどには育ってはいない。

IEAの工程表に沿って化石燃料から転換することに不安を感じているようだ。「50年時点で、OPECメンバーだけが、世界の生産量の半分以上を占めるという仮定は共有しない。IEAのシナリオ通りに需要が減らなかった場合、エネルギー価格は高騰する」(ノルウェー石油・ガス協会)との考えが基本にある。[23]

世界は化石燃料に新しく投資することを問題視し始めている。国連のアントニオ・グテーレス事務総長はツイッターで「気候変動の活動家は危険な過激派として描かれることがある。しかし、本当に危険なのは化石燃料の生産を増やしている国である。新しい化石燃料のインフラに投資することは、道徳的にも経済的にも狂気である」と投稿した。

しかし、産油国にも事情がある。環境優先か、自国の利益か、そう簡単に妥協点は見つかりそうにない。

カナダのジレンマ

世界有数の産油国カナダも似た状況にある。

カナダ政府は22年4月、ノルウェー国営石油エクイノールが主導するカナダ・ニューファンドランド沖の120億ドル規模の石油開発事業を承認した。13年から20年の間に発見された複数の油田から構成され、可採埋蔵量は合計3億バレルにのぼるという。

カナダは内陸部のオイルサンドの開発を進め、大規模な石油生産に成功したが、それとは違う新しい大型油田の開発が始まる。

ノルウェーと並んで増産に意欲的な国の1つだ。ロシアに対する経済制裁で世界の原油供給が厳しい状況にあるなか、政府首脳がカナダは増産できるなどと発言し、生産を増やす機運は高まっている。

カナダの石油会社は、世界の石油会社が開発投資を絞るなか、対照的な姿勢が際だっている。カナダ石油生産者協会（CAPP）の予想では、22年の天然ガス、石油の投資額は328億カナダドルと22％増える。[24]「天然ガス、石油の世界的な需要急増による商品価格の上昇に対応して、カナダ企業が2年連続で投資額を大幅に増加させている」という。

それを支えるように金融機関からオイルサンド事業への融資も増えた。環境保護団体の調べでは21年の融資額は前年比51％増えた。[25]また、パリ協定が採択された翌年の16年から21年をみても、カナダの主要銀行はオイルサンド・プロジェクトに多くの融資をしていた。

主要産業に成長したオイルサンドに資金が集まり、企業は投資を増やし、増産を目指す循環になっている。問題は脱炭素の世界的な動きとの兼ね合いだ。

カナダは50年を目途にゼロエミッション達成の公約を掲げている。とりあえず8年間で排出量を05年比40〜45％削減することを目指している。排出量は、20年はコロナ禍で

図表1-11　カナダの温暖化ガス排出量

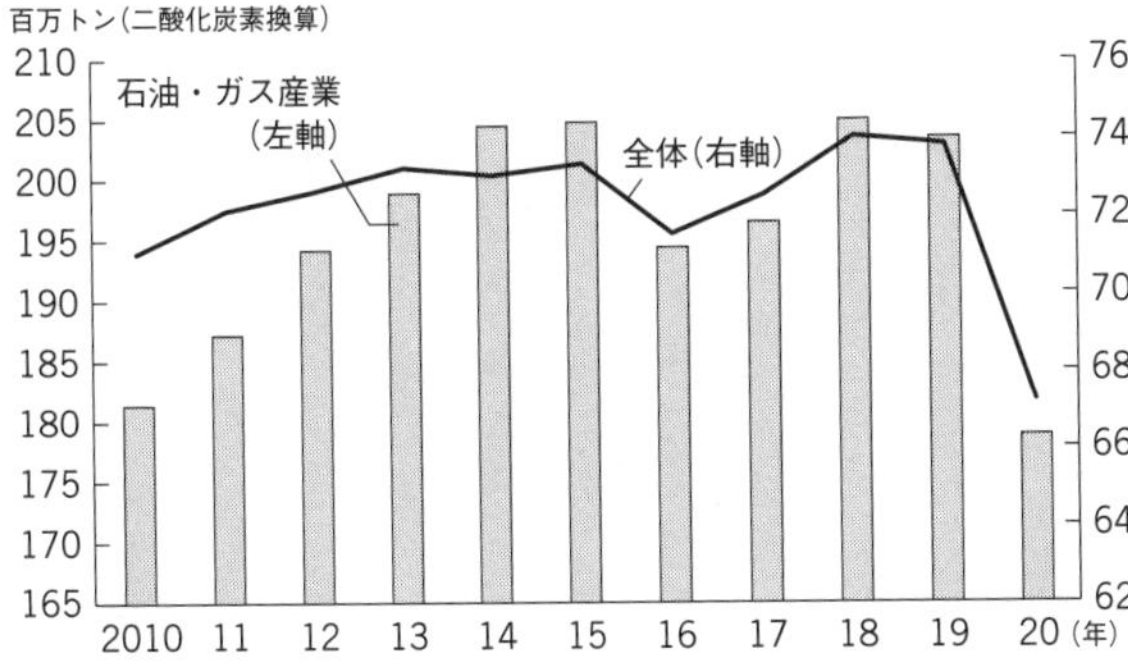

（出典）カナダ政府

大きく減ったとはいえ、それまでは横ばいか右肩上がりの傾向にあった（図表1―11）。石油事業は国内で最も排出量が多く、このまま増産を進めると環境政策に逆行しないかとの懸念を生む。

ニューファンドランドの開発について、自然保護団体のシエラクラブ・カナダは、政府に即時に拒否するよう訴え、風力やエネルギー貯蔵へのシフトを求めた。「世界のアナリストは、気候は非常事態にあり、新たな化石燃料プロジェクトは許されないと明言している。このプロジェクトは気候変動の緊急事態に拍車をかける」と批判した。[26]

カナダ経済に占める原油の割合は2000

年以降大きく増えた。米国でシェールオイルが石油の歴史を変えたように、カナダでは時を同じくしてオイルサンドが経済を劇的に変化させた。環境か、原油か、のジレンマはここにもある。

原油を手放すリスク

50年にクリーンエネルギーが本当に化石燃料に取って代わるのか。仮にシナリオが崩れるケースを考えると、いま原油を手放すリスクは大きくないか。こんな疑念が一部の産油国に渦巻いている。とくにコロナ禍からの経済再生を目指す中ではなおさらだ。

ＯＰＥＣ内でもＵＡＥとサウジアラビアは微妙に立場が違う。

ＵＡＥが16年に打ち出したアブダビ国営石油（ＡＤＮＯＣ）の戦略方針。「石油の開発部門は最も利益の大きいビジネスであり続ける」と力強く訴えた。30年を見据えた戦略で、事業の多角化を検討しながらも、巨額投資で原油を増産する見取り図を示した。[27]

ＡＤＮＯＣは22～26年に石油関連の投資を１２７０億ドル計画し、30年までに１００万バレル増産する計画で、そのためには毎年７００本の井戸を掘る必要があるとしてい

図表1-12　サウジアラビアとUAEの原油生産量

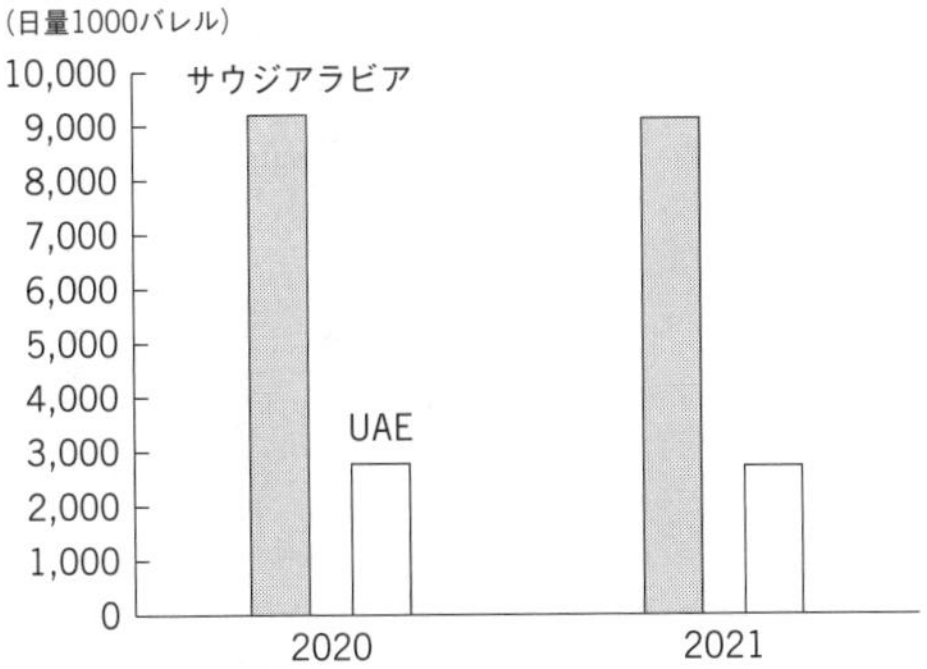

（出典）OPEC

る。

21年３月には米インターコンチネンタル取引所（ＩＣＥ）がＵＡＥに新設した取引所に、ＵＡＥ産の軽質原油「マーバン原油」の先物を上場。自国生産の石油の取引を拡大する手も打った。着々と地歩を固め、狙うのはシェア拡大だ。

これに対し、圧倒的に生産量の多いサウジが16年に出した「ビジョン２０３０」はやや立ち位置が違うようにみえる。[28] 多様性に富み、持続可能な経済を作るために投資すると表明。石油依存度を下げることも視野に入れている。ＯＰＥＣの主要産油国も必ずしも一枚岩ではない。

脱炭素が進み化石燃料の需要が減るとのシナリオに基づいて、石油メジャーは減産を進めながら、軸足をクリーンエネルギーに移しつつある。産油国は、ゼロエミッション時代の需要減に備え減産に動く国と、需要は大きく減らないとみて増産を目指す国に分かれる。市場にはダイベストメントで脱化石燃料を掲げる投資家がいる一方で、需給の逼迫による相場高騰を資源株やコモディティーの投資のチャンスと捉え、強気な戦略を立てる投資家もいる。

脱炭素という大きな理念には賛成しても、当事者は各論の段階でそれぞれの利害に基づいて行動する。原油は出口の見えにくいカオス時代に入っている。

第2章

石炭、天然ガスの不都合な現実

No. 712.]
OFF UP.
[See No. 122.
Colliers—getters of the "C.X.C. Gold Medal" Coal—being hauled from bottom of shaft to surface 300 yards above.

環境意識の高まりによって、
産業革命以来の「Coal is King」は遠い昔のものとなったと思われた。
しかし、現実には様々な思惑が絡み、一筋縄ではいかない状況が続く。
写真は1910年、英シェフィールドの炭鉱のようす
=Mary Evans Picture Library／アフロ

1 脱炭素でも石炭消費が増える矛盾

中国、インドの現実

燃焼すると温暖化ガスを多く排出する石炭は、脱炭素時代に最も減らすべき資源とされる。世界の資源大手は相次ぎ石炭事業からの撤退を表明し、投資家は石炭の売上高比率の高い資源企業を投資対象から外し始めた。

ところが、そんな石炭の消費量が2021年に急速に増える事態が起きた。国際エネルギー機関（IEA）によると、20年は中国やインドが主導して「第二次世界大戦後で最大の減少になった」（IEA）が、21年は一転して6％増えた。22年も高い伸び率になる可能性がある[1]（図表2－1）。

生産にブレーキがかかっても、消費が増える新しい事態だ。アジアを中心に脱石炭ど

図表2-1　世界の石炭消費量は増加見通し

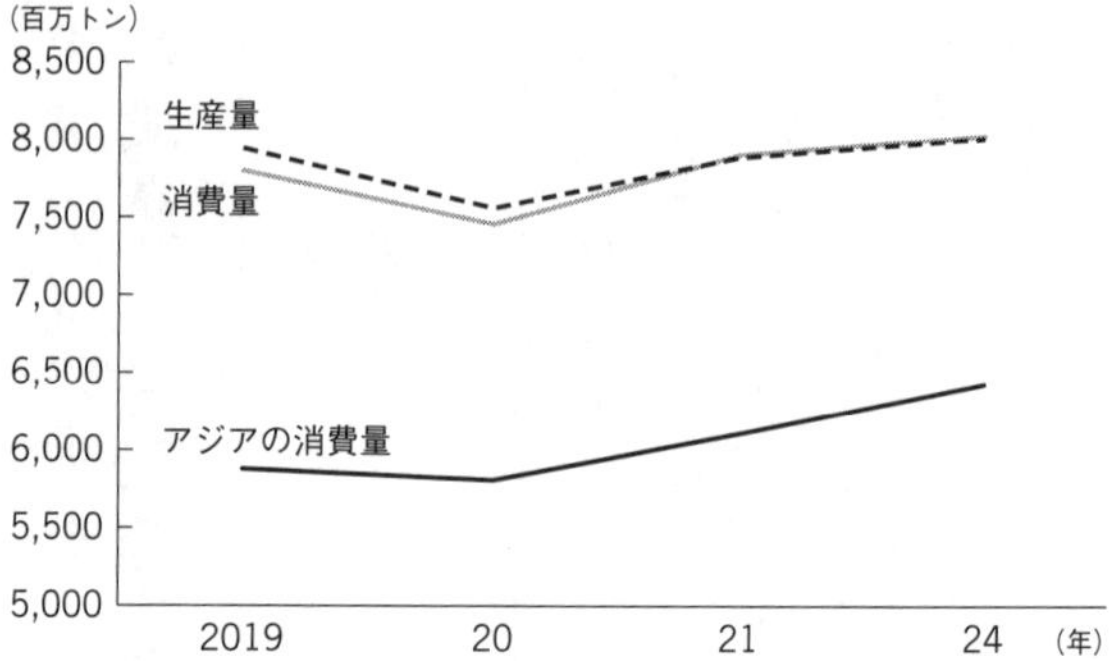

（出典）国際エネルギー機関

ころか、コロナ禍から経済が回復するにつれ、発電所の需要が増え続けている。

中国の石炭発電は高水準で推移し、インドも増加傾向にある。米国と欧州連合（EU）は将来的に再生可能エネルギーへの依存度が高まり、消費量は減少する見通しだが、地球規模で見ると限られた影響しかない。現状のままでは世界の生産量も消費量も当面増え続けることになる。

IEAによると、脱炭素が世界的な盛り上がりを見せた21年に、世界の二酸化炭素排出量は過去最悪を更新し、そのうちの40％は石炭が原因だった。[2]

「石炭は温暖化ガスの最大の発生源で、歴

中国で石炭発電が増えている＝ロイター／アフロ

史的な高水準になった石炭発電は、排出ガスゼロを目指す世界の取り組みから大きくそれ、懸念される兆候だ」「政府が直ちに強い行動を起こさないと、地球の気温上昇を1・5度以内に抑えるチャンスはほとんどなくなる」。ＩＥＡは強烈に警鐘を鳴らす。

深刻化する石炭不足

とくに中国、インドに対する批判は強い。中国は60年、インドは70年に温暖化ガス排出量の実質ゼロを目標にしている。ＩＥＡは両国に石炭発電を減らし、温暖化対策の約束を果たすよう求めたが現実は厳

図表2-2　石炭の地域別消費動向

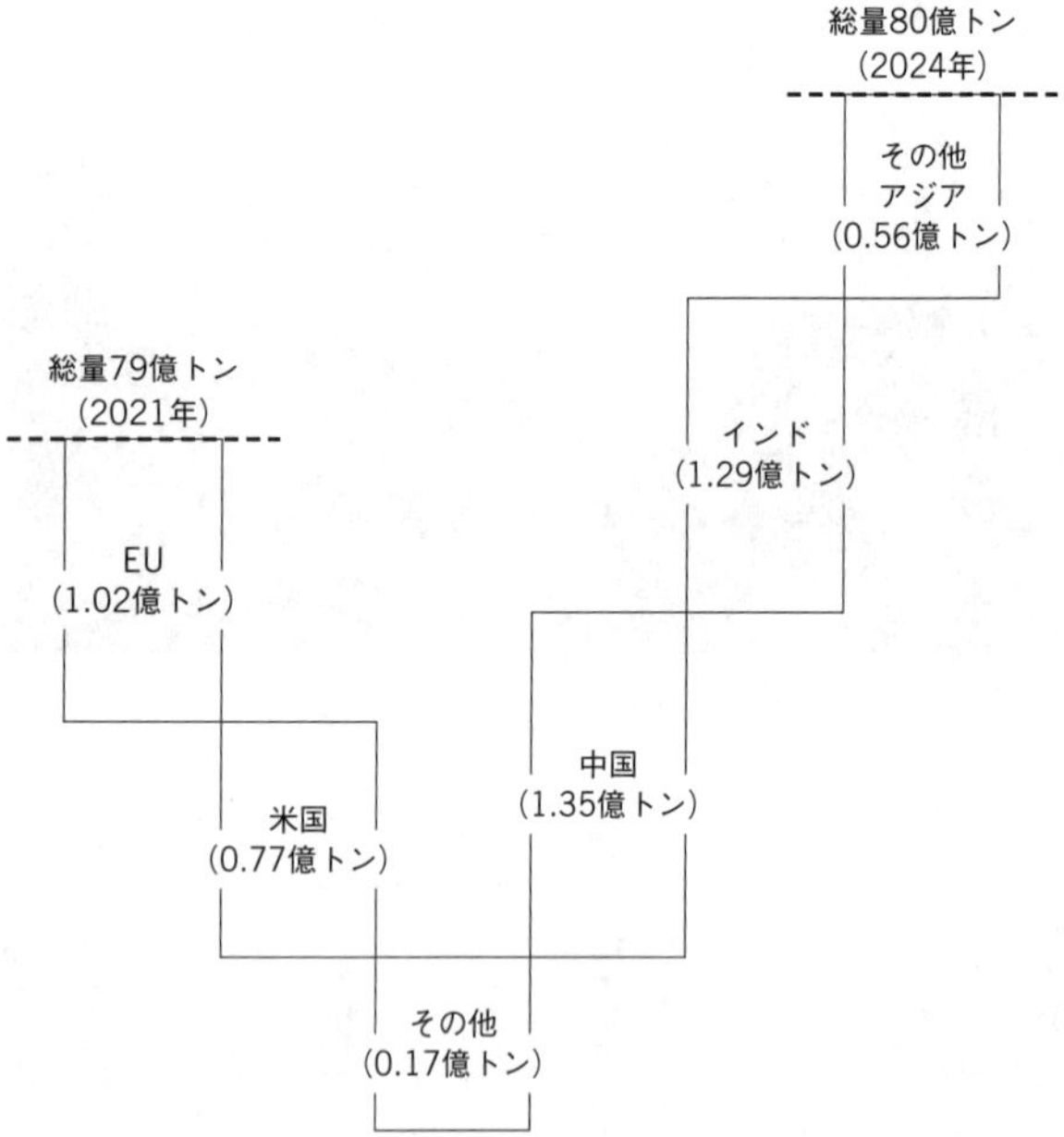

（出典）国際エネルギー機関予想

しい。

　インドの石炭不足は深刻だ。22年4月、インドの電力会社への石炭供給目標を7・6%下回った。電力需要は過去最高を記録し、6年間で最悪の電力危機に直面した。電力会社の夏前の石炭在庫は少なくとも9年間で最低の水準で、電力需要は40年間で最も速いペースで増加すると予想されるなか、危機的な状況にある。[3] 閉鎖した炭鉱の再開や輸入の増加で対応する見込みだ。

　中国は石炭の輸入を促進する政策をとり始めた。石炭が不足していることから、22年5月から23年3月まで石炭輸入にかかる関税をゼロにすると発表した。

　一方で海外については、新規の石炭開発を禁止する政策を掲げ、それが石炭発電建設をストップする効果を上げているようだ。

　エネルギー・クリーンエア研究センター（CRECA）によると、21年9月以降、中国が支援した海外の石炭プロジェクトは、中国企業の撤退などによって15の発電所が棚上げまたは中止になった。さらに、計画されていた石炭プロジェクトを32基止める可能性があり、現在進行中の36のプラントの再検討を促す可能性があるという。[4]

温暖化ガス排出量の観点からインド、中国に改善を求める声が高まっても、両国は国内の目先の電力危機への対応を優先せざるを得ない状況にある。石炭の供給を確保しないと、家庭用から産業用まで電力が止まり、経済が混乱する事態を招きかねない。

欧州、石炭依存の苦悩

ロシアによるウクライナ侵攻により、欧州は22年4月、ロシアからの石炭輸入を停止する経済制裁を決めた。再生可能エネルギーの導入に力を入れる欧州ではあるが、足元のエネルギー需給を考えると供給不足は厳しい。欧州の最大の石炭輸入相手国はロシアだ。ライスタッド・エナジーによると直近の輸入量の70％がロシアで、10年前の35％に比べ比率が大きくなった。

欧州はこの10年ほど石炭発電所を減らしてきたはずだが、なぜロシアへの依存度が高まったのか。環境対策を進めるドイツなどは、相次ぎ炭鉱を閉鎖し、石炭の採掘を減らしてきた。ところが一部の石炭発電所が稼働を続ける中で、必要な石炭需要を欧州域内でまかなえず、ロシアに頼らざるを得なくなった。炭鉱を廃止するスピードが速すぎたとみられる。

欧州は21年、ほぼ10年ぶりに石炭で発電した電力が大きく増加した。水力、風力発電が落ち込み、天然ガスの高騰もあってシフトしたためだ。

侵攻をきっかけに、ロシアへの依存度を下げようとしても、新しい炭鉱を探すことや、閉鎖した炭鉱を復活するのは現実的ではない。アジアでも需要が拡大する中で、激しい争奪戦になるとみられる。

12年以降、石炭発電の減少が続いてきたが、ロシア侵攻で改めて認識された天然ガス依存の危うさ、風力、太陽光発電の不安定さによって、22年も石炭の勢いは衰えない。ライスタッド・エナジーは、石炭発電は18年のレベルに戻る可能性があるという[5]。

環境対策で先頭に立ち、大きな役割を果たしている欧州が、現実には石炭からなかなか離れられない。脱炭素を重視するか、エネルギー供給を重視するか、そのはざまで葛藤しながら、30年後のゼロエミッションを目指すことになる。

2 米国が直面する石炭の現実

トランプ政権下の「歴史的偉業」

米国を取り巻く石炭の状況は「不都合な現実」そのものだ。

米国の生産量も消費量も20年以降、増加と減少の波を繰り返しながら、基本的に横ばいの状態にある。環境政策を重視するバイデン政権下で、米石炭業界や労働者団体が石炭の利用削減に反対し、巻き返す動きもある。「米国の経済発展の原動力だった石炭産業を大切にすべきだ」との声が高まっている。米国には石炭を巡って一筋縄でいかない事情がある。

21年1月までのトランプ政権下で、環境保護の「歴史的偉業」が達成されたことは案外知られていない。「温暖化ガス排出量を2005年に比べ17%減らす」というコペン

2009年にコペンハーゲンで開かれたCOP15＝ロイター／アフロ

ハーゲン合意について、米国が目指してきた目標をひっそりとクリアしていた。

コペンハーゲン合意そのものが忘れられがちだが、２００９年の第15回気候変動枠組条約締約国会議（ＣＯＰ15）で承認された取り決めのこと。リサーチ会社ローディアム・グループの調査によると、20年の米国の温暖化ガス削減率は10・3％と、リーマン・ショック直後の09年（６・３％）を上回った。[6]

第二次世界大戦後で最大で、温暖化ガス排出量が初めて１９９０年の水準を下回ったという。05年比では21%減ったことになり、コペンハーゲン合意の水準を大きく下回ったことになるという。

積極的に温暖化ガス排出を減らしたというより、コロナ禍による輸送や電力需要の停滞が大きい。とはいえ、環境政策に後ろ向きとされたトランプ政権が、環境改善の歴史に大きな足跡を残したとの皮肉な評価につながりかねないほどの「成果」があった。

オバマ政権の8年とトランプ政権の4年で、米国内の石炭の生産量と消費量を比べると、両政権下とも、右肩下がりで減り続けたが、削減幅はトランプ政権のほうが大きい(図表2－3)。

環境対策に熱心だったオバマ政権は、リーマン・ショック後の景気対策として「グリーンニューディール」を実施。再生可能エネルギー産業に優遇措置を導入し、風力、太陽光の発電コストを下げた。

これに対しトランプ政権は環境対策を優先したとは言えなかった。にもかかわらず、風力、太陽光の発電コストは低下が続き、老朽化した石炭発電所の能力削減も進んだ。

図表2-3 米国の石炭は生産量も消費量も大きく減っていない

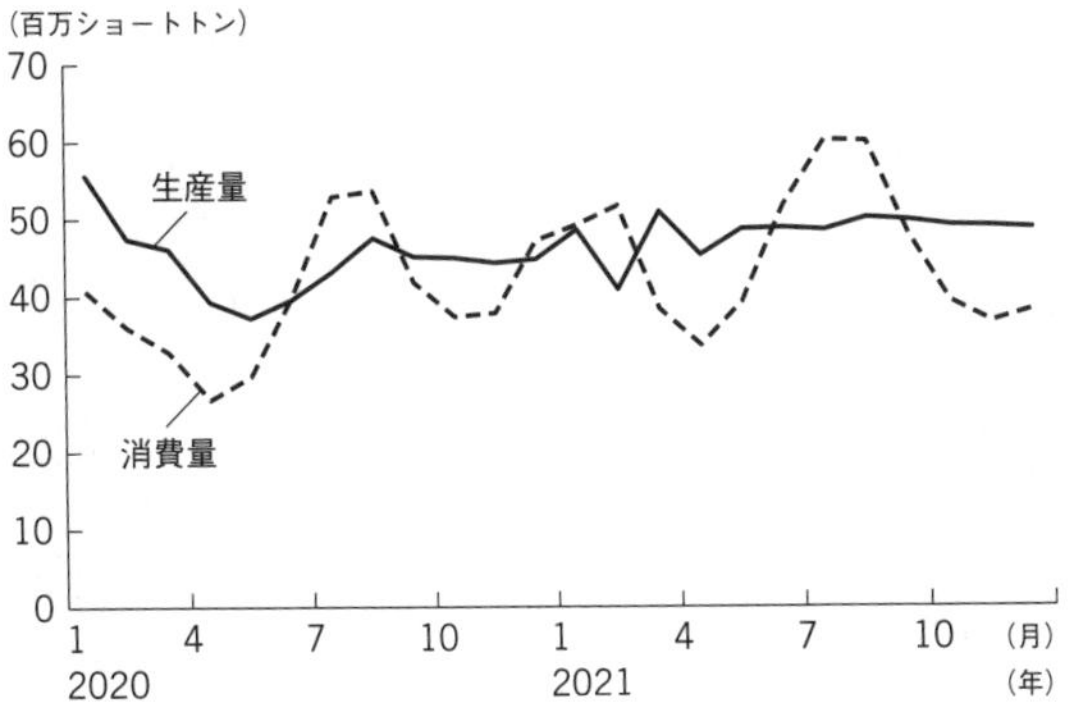

(出典) 米エネルギー情報局

政策と現実の矛盾が起きる理由

21年にバイデン政権下で石炭の消費量が急増したのも皮肉だ。バイデン大統領は就任早々、温暖化対策の国際的枠組み「パリ協定」への復帰や再生エネルギー推進を打ち出した。その政権のもとで、石炭消費が増えたのだ(図表2−4)。

なぜ、環境対策に熱心な政権のもとで石炭の消費が増え、熱心ではない政権のもとで消費が減ったのか。

答えは燃料コストにある。政権がどんな環境政策を打ち出したかも消費量に影響するが、それ以上に、エネルギーが交代する

図表2-4　米国の石炭と天然ガスの発電量の前年同月比増減率(2021年)

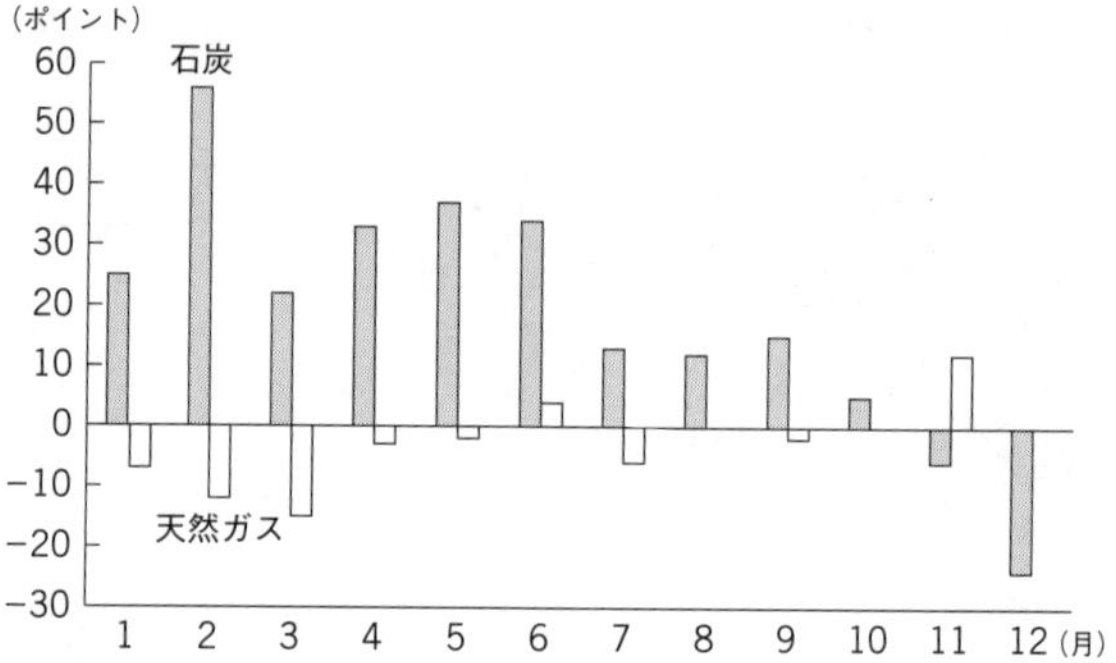

(出典) 米エネルギー情報局

には燃料が割安か割高かという、市場原理に基づく企業の判断が大きく関係する。発電所は政策のいかんにかかわらず、安い方の燃料を選択するのだ。

電力自由化の進む米国では発電事業者のコスト意識が高い。状況に応じて柔軟にエネルギー源を交代させる傾向がある。

20年は天然ガス価格が低かったので石炭からのシフトが進んだ。逆に、21年は天然ガス価格が高騰し、石炭へのシフトが強まった。今後も政策の目指す理想とは逆の方向へ現実が動き出すことは十分ありうる。

3 資源会社と投資家の変化

「スコープ3」を削減へ

環境重視か、資源確保かのはざまで揺れる状況は原油と同じだ。脱炭素を進めているのに消費が拡大する。有力投資家が石炭企業への投資をやめるダイベストメントを強化し、株主は資源会社に石炭事業からの撤退を迫る。資源会社はそれに呼応し生産を縮小する。需給のバランスが崩れるから価格が高騰する。

石油メジャーと同様に、石炭を手掛ける資源大手は炭鉱の売却を進め、温暖化ガス削減に取り組む姿勢を鮮明にしている。典型例はスイスの資源大手グレンコアが20年末に発表した「気候報告書2020　ネットゼロへの道筋」だ。[7]

石炭大手として初めて、「スコープ1」（自社による温暖化ガス排出）、「スコープ2」

図表2-5　グレンコアの石炭生産量

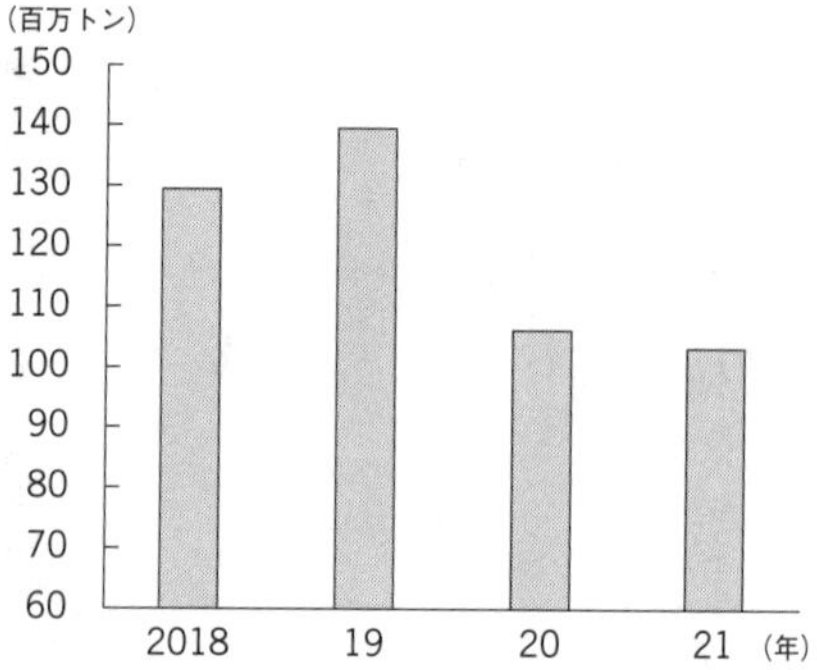

（出典）グレンコア

（電気・エネルギーの購入による間接排出）に加え、製品の販売先など他社の排出分の「スコープ3」も含む排出量目標を掲げた。35年までに19年比で40％削減するという。この取り組みは画期的だ。

資源企業にとって、スコープ3の削減はハードルが高い。主な販売先である電力会社や鉄鋼メーカー、金属メーカーの排出量削減にも責任を持つことになるからだ。グレンコアは他社に先駆け、石炭の生産削減や低排出技術の採用など積極的に関わる姿勢を示したことになる。

石油メジャーと同じように、石炭企業も環境ビジネス強化に乗り出した。１４０年近い歴史のある米石炭大手ピーボディ・エナジーは収益源を求め風力発電に参入する。ピーボディは16年に経営破綻したが、その後の石炭価格高騰で業績は回復基調にあった。それでも、排出量の少ない発電へのシフトが進めば長期的に需要が減るとの見通しのもと転換したようだ[8]。

米石炭会社はシェール会社と同様、22年1～3月期決算は好調で、軒並み株主還元を重視する方針を打ち出し、増産には慎重だった。環境にはプラスの動きだが、想定以上に需要の減らない石炭の供給を誰が担うのか、という懸念が浮上しそうだ。

ダイベストメントは有効か

資源大手の石炭事業からの転換を後押しする投資家のダイベストメントが盛んだ。「ダイベストメント＝石炭」といえるほど、石炭を主なターゲットに撤退を迫っている。

20年1月、米大手運用会社ブラックロックが顧客に宛てた書簡が大きな話題を呼んだ[9]。石炭関連会社について、20年半ばまでに売上高の25％以上を石炭から得ている会社への投資をやめると表明した。ＥＳＧ（環境・社会・ガバナンス）への取り組みを鮮明にして、ダイベストメントで先行するノルウェーの年金基金などと肩を並べた形だ。
では、ダイベストメントは実際に効果があるのだろうか。フィリピンやベトナムなど東南アジアの一部の国々では、石炭発電所の新設に歯止めをかけている。米調査団体グローバル・エナジー・モニターによると「金融機関が石炭事業への融資を見送る姿勢を強めたため、新規プロジェクトのドアを閉めつつある」という。[10]
ところが、こうした局地的な効果はあっても、地球規模で大きな成果を上げているかどうかは分からない。基準に問題があるとの指摘が出ている。ESG投資家はダイベストメントの基準として、資源企業の売上高に占める一般炭の割合が「30％以上」「25％以上」としているが、実際にはこれに該当する資源企業は少ない。「基準に該当するのは世界の関連企業の20％以下しかない」。ドイツの環境非政府組織（NGO）ウルゲバルト（Urgewald）はこんな試算を示した。[11] 石炭を専業にしている資源企業は少なく、多くの場合、鉄鉱石など他の鉱物の売上高が多いため、石炭の比率は相対的に低くなっている。
この試算通りなら、世界の石炭関連企業の大半は投資対象に含まれることになる。仮に投資家が世界の石炭会社の20％すべてを投資対象外にしたところで、地球温暖化にブレーキをかける力は限られるだろう。地球全体としてみれば、十分に石炭生産にブレーキをかけているとは言い難い。

「Coal is King」は過去のものか？

22年にウルゲバルトが発表した調査も示唆に富んでいる。[12] 19年1月から21年11月の間に、世界の銀行が、資源会社や石炭発電所など石炭関連企業に融資した金額は3630億ドルに上った。12の金融機関だけで全体の48％相当を融資していた。

また、年金基金など投資家が保有している石炭関連企業の株式や社債は21年11月時点で、12兆ドルにのぼる。24の投資家が全体の46％を保有していた。投資家のダイベストメントや金融機関の融資削減が進み、石炭企業には圧力が働いているように見えるが、実際にはお金が引き続き潤沢に流れている可能性があるという。

ウルゲバルトは「金融機関は、顧客企業が化石燃料から移行するのを手伝う話をしたがるが、実際はほとんどの企業が移行していない。金融機関が融資している限り、企業には移行のインセンティブがほとんどない」と指摘。「気象が危機的な状況にあるとき、年金基金や運用会社、投信会社など機関投資家が引き続き石炭企業に投資しているのは驚きだ」としている。

22年5月にベルリンで開いた主要7カ国（G7）気候・エネルギー・環境担当閣僚会合は、石炭発電を段階的に廃止することで合意した。ただ、期限を明示しなかったため、実効性には疑問の声もある。

国連気候変動に関する政府間パネル（IPCC）が「2050年までに石炭発電をほぼゼロにする必要がある」と警告したのが18年10月。それ以降、どれぐらい状況が進展しただろうか。

「Coal is King」と言われ、石炭がエネルギーの主役だった時代はとっくに去ったと思われがちだが、世界で増える需要を見る限り、そんなに遠くに行っていない。脱炭素に舵を切るなかでの消費増加は、世界が「不都合な現実」に直面していることを意味する。

4 袋小路に入った天然ガス

「想定外」で高騰した21年

天然ガスに世界の注目が集まっている。22年2月のロシアによるウクライナ侵攻は、欧州の綱渡り状態にある供給の実態を白日のもとにさらした。侵攻の1年以上前から、天然ガスの危機的な状況は始まっていた。21年に、欧州で価格が8~10倍に急騰し、発電から生活まで幅広く深刻な影響をもたらした。

欧州は天然ガスの消費量の約8割を輸入に依存している。パイプライン経由で輸入できるロシアは主要な取引相手だ。21年から北大西洋条約機構（NATO）とロシアが、ウクライナを巡って対立、パイプライン経由での天然ガス輸入に懸念が強まり、価格高騰が始まった。

図表2-6　欧州の天然ガス地下貯蔵量

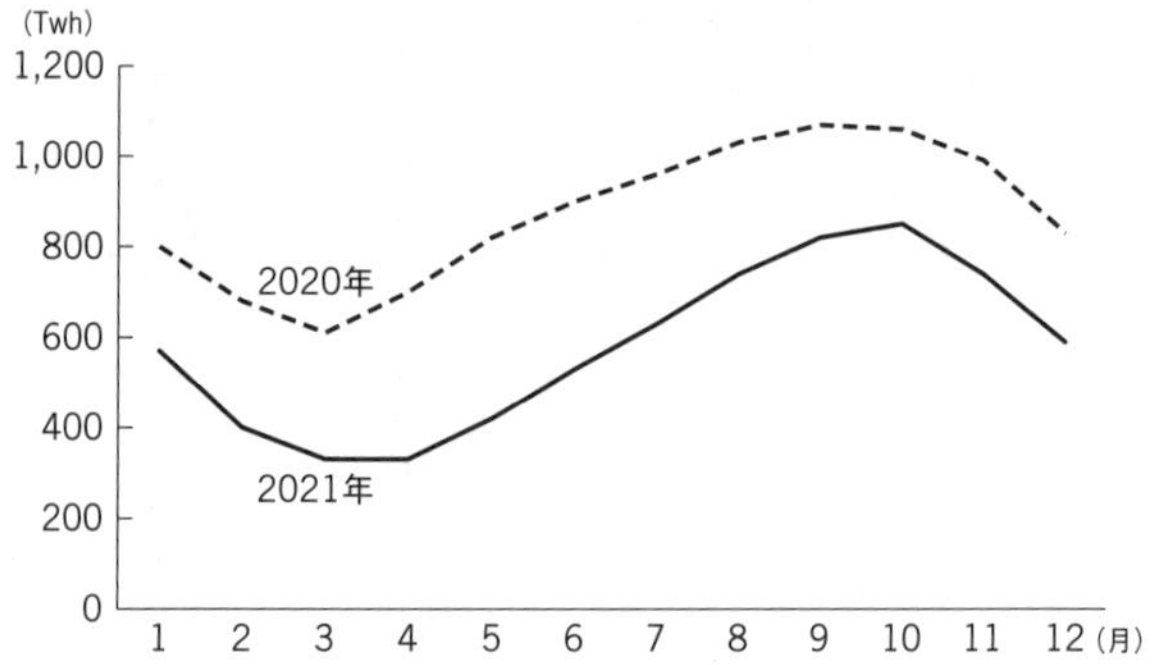

（出典）Gas Infrastructure Europe

ＩＥＡによると、21年10～12月、ロシアからベラルーシ、ウクライナなどを経由する分が減ったため、天然ガスのパイプライン輸送が25％減少した。「欧州のガス市場が人工的に閉められた」（ＩＥＡ）という見方もある[13]（図表２－６）。

その証拠に、ロシアの天然ガス生産は好調だ。21年は10％増え最高を更新した。ロシアは価格を上げることで、ドイツとロシアを結ぶ新たなガスパイプライン「ノルドストリーム２」の早期稼働を促す狙いもあるとＩＥＡは非難した。

欧州にはロシアとの取引を巡る誤算もあった。天然ガス価格が高騰する前は長い

ロシアは欧州へのガス供給を絞った。写真はノルドストリーム2＝AP／アフロ)

間、低位安定の期間が続いた。電力会社などはガス会社と長期契約を結ぶと、その間は固定価格で調達することになる。価格が下落傾向にあるときは、柔軟に取引価格を決められるスポット取引の方が有利なことがある。そのため、欧州の電力会社はここ数年、スポット取引に傾斜していたとみられる。

スポット取引なら、買い手主導で取引先を選ぶこともでき、ロシアのガスプロムからの輸入が多い中で輸入先を多様化すれば、地政学リスクを抑えられるとの判断も働いたようだ。

顕在化した貯蔵不足

ところが、21年に価格が高騰したことで、スポット取引のデメリットが一気に顕在化した。電力会社は長期契約より高い価格での調達を迫られ、しかも量の確保にも不安を抱えることになった。

欧州の天然ガス供給は夏場が勝負だ。需要の比較的少ない夏場に大量に輸入して、地下に貯蔵する。冬場の需要期はそこから輸送して使う。夏場の蓄えが不十分だと、冬場に供給不足が起きる。

21年はその貯蔵が足りなかった。欧州のガス業界団体GIE（Gas Infrastructure Europe）のデータによると21年の地下貯蔵量は20年に比べ大きく減少した。ロシアからの輸入減に加え、夏場の貯蔵不足が秋以降の価格高騰につながった。

天然ガス市場での投資家や実需家のポジションの変化は、この間の様子を如実に示している。

21年ごろの米商品先物取引委員会（CFTC）のデータで、ニューヨーク・マーカンタイル取引所（ＮＹＭＥＸ）の投資家や実需家の天然ガス先物のポジションをみると、大きく動いたのは21年8月ごろ。

ファンドなど投資家は3月から売り優勢だったが、8月に入るとさらに加速し、売越高は2カ月でほぼ2倍に膨らんだ。投資家の多くは夏以降に価格が下落すると予想していたフシがある。液化天然ガス（ＬＮＧ）など実物を保有する商品投資家も、価格下落のリスクをヘッジしていたことも考えられる。

ところが、夏場の在庫の積み上げが不十分との観測から、その後、相場が急騰。読みを外した形の投機筋は、売りポジションを解消する動きを強めた。そうした動きを巻き込みながら、相場上昇に弾みがついたとみられる。

21年夏の貯蔵量の減少に、ロシアとの対立と次々想定外のことが起き、電力会社も投資家も慌てた様子がうかがえる。22年2月のロシアによるウクライナ侵攻は、厳しい状況にある欧州の天然ガス市場をさらに揺さぶることになった。

ＬＮＧ輸入増が抱える環境問題

ロシアの侵攻は、天然ガスを大きくロシアに依存する欧州を中心に、世界の調達構造のもろさを浮かび上がらせた。ロシアからのパイプラインでの輸入が減ると、その分は液化天然ガス（ＬＮＧ）を輸入するしかない。ところが、今日決めて明日からすぐ輸入開始というわけにはいかない。

ＬＮＧはまずカタールや米国などの生産地にある輸出基地で天然ガスを液化する。そして専用船で運搬する。欧州にある輸入基地で貯蔵した後、必要な量を気化して使う。多くの量を輸入するには、輸出基地の拡充、運搬船の契約、輸入基地の拡充に時間とコストがかかるのだ。

ＥＵは、ロシアへの依存度を下げるため、ＬＮＧの輸入を拡大する案を発表した[14]。緊急避難的な措置だが、結果的に、これがコスト上昇と環境対策の遅れという2つのパンドラの箱を開けてしまった可能性がある。

ＥＵの計画では、22年中にＬＮＧ５００億立方メートルを輸入する。ロシアからパイ

LNGの運搬船の争奪戦も始まる＝AP／アフロ4

プラインで輸入した天然ガス1550億立方メートルの3分の2を減らす。専門家の中には「300億立方メートルは増やせるが、500億立方メートル達成には課題がある」（英オックスフォード・エネルギー研究所）という見方もある。[15]

最大の障壁はインフラだ。欧州にある輸入基地は「1月にすでにフル稼働状態」（石油市場分析のボルテクサ）。ドイツは22年4月、輸入基地の建設と移動式浮遊タンク船の導入を発表したが、ほかの国は不透明だ。一方で米国の輸出基地は環境団体から増設をやめるように働きかけられている。

そもそも、欧州企業がLNG市場に乗り込んで新しく契約しようとしても、アジア勢を中心に長期契約で押さえられている。スポット市場で高いLNGを買う機会が増えるうえ、運搬船の確保でもアジア勢と競合することになる。

ロシアのウクライナ侵攻が明らかにしたジレンマ

さらに環境問題は大きなジレンマになる。欧州は、50年までの実質カーボンゼロに貢献する経済活動を「EUタクソノミー」として明確な基準にしてきた。環境対策に寄与する活動への投資を後押しするためだ。22年2月、エネルギーを取り巻く情勢を考慮し、ゼロエミッションを実現するまでの過渡期の措置として、一定の条件を満たせば、天然ガスと原子力も認める方針を示した。天然ガスをタクソノミーに含めることには異論もあり、あくまで過渡期の措置との位置づけだ[16]。

22年3月、ロシアへの依存度低下を図るドイツは、カタールとLNGの供給を受ける長期契約で合意した。LNGはスポット取引もあるが、長期契約のことが多い。ガス会社は、脱炭素で需要減少が予想されるなか、長期契約を結ばないと開発にかかるコストを回収できないリスクもあるから、なおさら長期契約を求める傾向にある。

環境派はここを懸念している。欧州が10年、20年の契約を結べば、それだけの期間、毎年大量のLNGを輸入することになる。脱炭素が大きく進展した場合や、あるいは進展させる必要があるときにも、大量の輸入を続けざるを得なくなる。もし、20年契約を結ぶと、実質ゼロエミッションの50年まであと10年という時期に輸入することになる。

欧州だけの問題ではない。米国ではLNG輸出を増やすことに、環境団体を中心に反対の声があがる。輸出する側にとっても、長期契約はその期間、生産を維持することにつながる。米バイデン政権が重視する環境政策に逆行する動きとの批判も出始めている。

これまで漠然と意識されていた、環境対策と天然ガス供給の二律背反性が、ロシア侵攻によって、はっきりと分かる形で浮かび上がった。

ゼロサムゲームの様相

欧州で天然ガスが高騰した要因はもう1つある。21年夏に欧州の在庫が増えなかったのは、中国がＬＮＧの輸入を急増させたことも見逃せない。

中国は21年1月に、気温低下もあって天然ガスの需要が20％以上増え、家庭や発電所の利用が増えた。国内生産の不足分はＬＮＧ輸入で補ったため、21年に中国は最大のＬＮＧ輸入国になった。これが世界のＬＮＧの需給バランスを崩す大きな原因になった。エネルギーコンサルティングのウッドマッケンジーは「今後何年も最大の輸入国の地位は揺るがない」と予想する。[17]

経済的に対立している米国から中国への輸出量が、21年3月から急増している。米国は21年12月、カタールを抜いて初めて最大のＬＮＧ輸出国になった（図表2－7）。米エネルギー情報局（ＩＥＡ）は22年に米国が世界最大の輸出能力になるとみている。

石油や石炭と同じで、天然ガスも生産量は大きく伸びない。輸入国が限られたパイを奪い合うゼロサムゲームにならざるを得ない。

欧州は、ロシアへの依存度を下げるため、スポット市場でもＬＮＧの購入を増やす。その結果、需給の逼迫により価格が高騰し、敏感なアジア勢は天然ガスの取引から手を引き始める。

図表2-7　2021年の米国から中国へのLNG輸出量

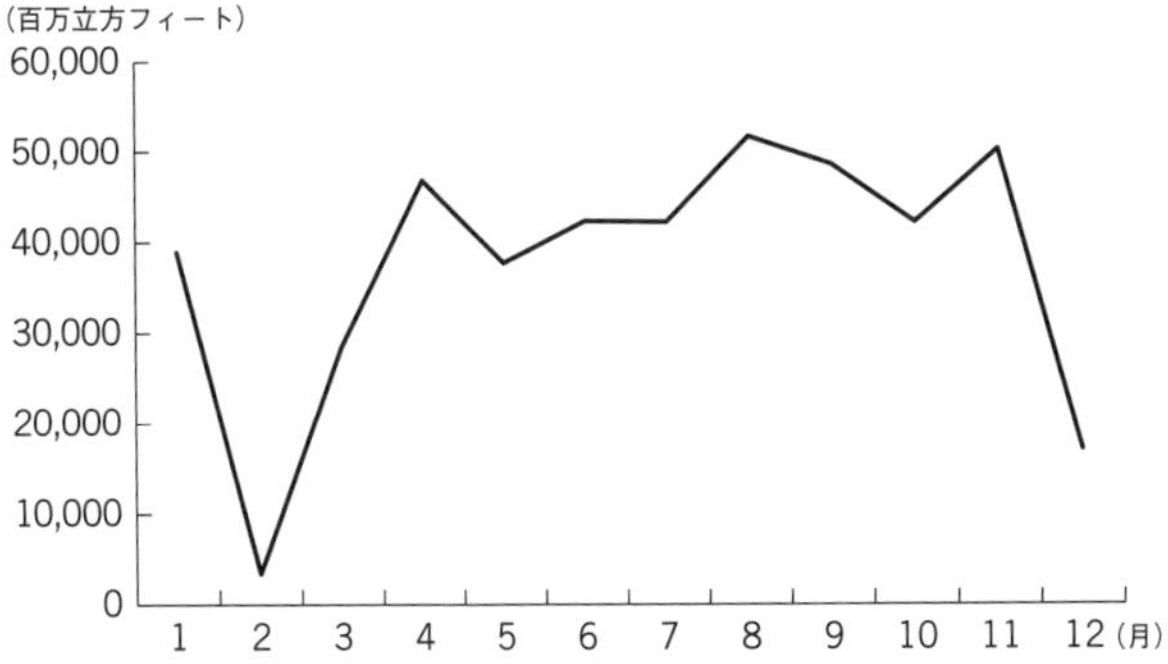

（出典）米エネルギー情報局

米国にも波及しかねない危機

米国が本格的なＬＮＧ輸出国になったのはそう遠い話ではない。輸出が増え始めたのは16年ごろからだ。そもそも需要は、国内生産とカナダからのパイプラインによる輸入でまかなっていた。それが、シェール革命で国内生産が増えると、少しずつ輸出を増やし始めた（図表２－８）。

基本的に国内の供給は過剰気味で、北米大陸の中で需要と供給が完結してきたため、欧州やアジアなどの市場の動きと連動しにくい構造だと言われている。

ところが、この閉ざされた市場が欧州への

図表2-8　米国のLNG輸出量

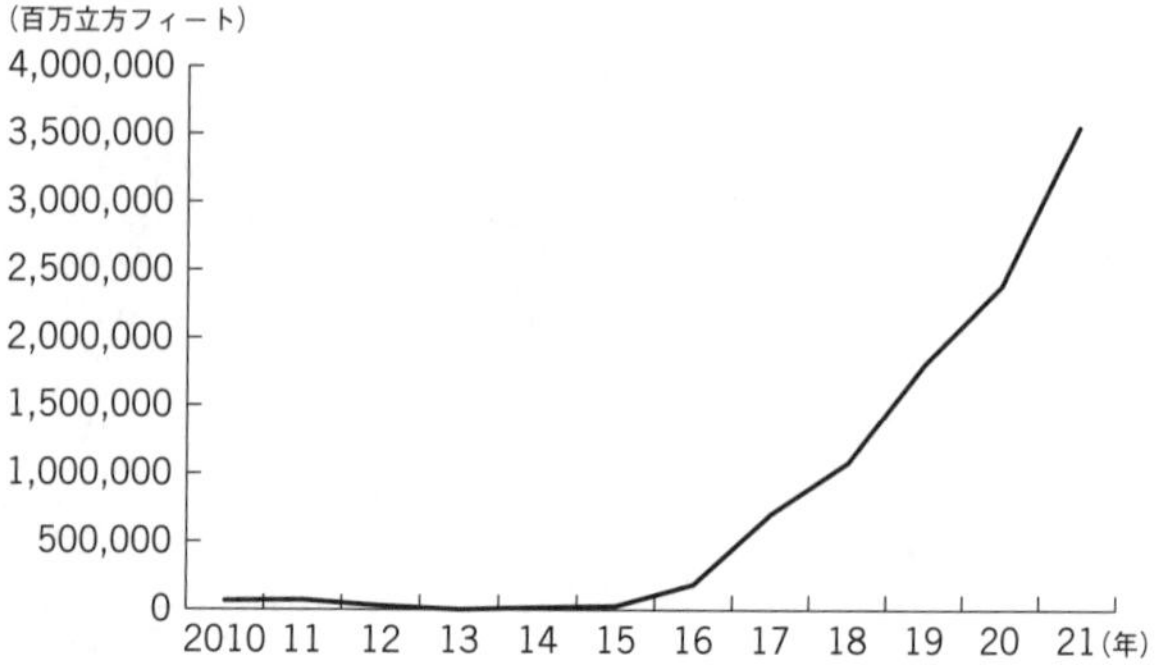

(出典) 米エネルギー情報局

輸出増加で転換しようとしている。米国内の在庫に減少傾向が出始め、22年4月には過去5年の平均を17%下回る水準まで落ち、先物価格が高騰した。

欧州発の天然ガス高がじわじわ米国に及び始めた。「米国内の天然ガス供給量の伸びが予想以上に鈍化することで、米国の天然ガス市場は15年以上続いてきた構造的黒字から構造的赤字へと転換する」という見方もある。[18] そして、米国の価格は世界の価格に近づき、5倍近くに跳ね上がる可能性があるという。

21年には世界の天然ガス危機はほとんど米国を素通りしたが、これから米国でも影響が本格化するとの予想もある。

「化石燃料頼み」という現実

もし、米国に危機が及び始めたとき、欧州向けのＬＮＧ輸出をそのまま増やし続けるのだろうか。ガソリンの高騰で市民から不満が上がる状況に、天然ガスが追い打ちをかけるとどういう反応が起きるだろうか。ゼロサムゲームの中で、奪い合いが強まる可能性があるだろう。

こうした天然ガスを取り巻く状況は化石燃料全般をより不都合な現実へと追い立てる。21年に世界の電力会社は、天然ガス高騰を受け、石炭の利用にシフトする動きを強めた。22年2月のロシア侵攻後、アジア勢はＬＮＧに代わり、相対的に価格の低い石炭で代替する動きが目立った。コスト高回避のための合理的な行動だが、ここには温暖化ガス排出量を減らすという意識が全く抜け落ちている。

温暖化ガスの排出量が多く、石炭の生産も消費も減らすことが脱炭素を実現するための切り札とされた。投資家はダイベストメントの主要対象にしてきたはずだが、いとも簡単に電力会社に選好されている。コストという旧来からの基準が、環境という新しい基準より優先されている。この状況をどうみればよいのか。

電力会社など消費する側は、結局のところ、化石燃料という限られた世界の中で、コストをにらみながら、やりくりせざるを得ないのだ。まだ再生可能エネルギーの割合が低く、結局は化石燃料頼みなのが現実だ。

供給サイドで高まる環境意識と、需要サイドの高いコスト意識の間には埋めがたい距離がある。化石燃料がカオス状態に陥った原因の1つは案外、この辺りにもあるのかもしれない。

第3章

金属もカオス時代に入った

電気自動車（EV）や再生可能エネルギーといった
最新の産業を支えるのは、金属という古い産業。
かねてより環境問題と隣り合わせだった。
写真は別子銅山の坑内用機関車＝Kodansha／アフロ

1 脱炭素でつながるコモディティー高騰

金属が直面する構造問題

2021年以降の原油高騰は、脱炭素で供給が減っているのに需要が落ちないことが原因だった。石炭、天然ガス高騰は脱炭素のシナリオ通りに需要が減らないことが大きかった。では銅やニッケルなど金属が高騰しているのは、どういう構図なのだろうか。

22年のロシアによるウクライナ侵攻は、資源大国ロシアからの供給減の懸念を強めたが、その前から金属は構造問題に直面していた。

21年にアルミニウム、銅、ニッケルなど主な金属は、軒並み20％超上昇した（図表3―1）。化石燃料に歩調を合わせ金属価格が上昇する局面は過去にもあった。コモディティーの総合的な値動きを示すリフィニティブ・コアコモディティーＣＲＢインデック

図表3-1　金属価格の上昇率

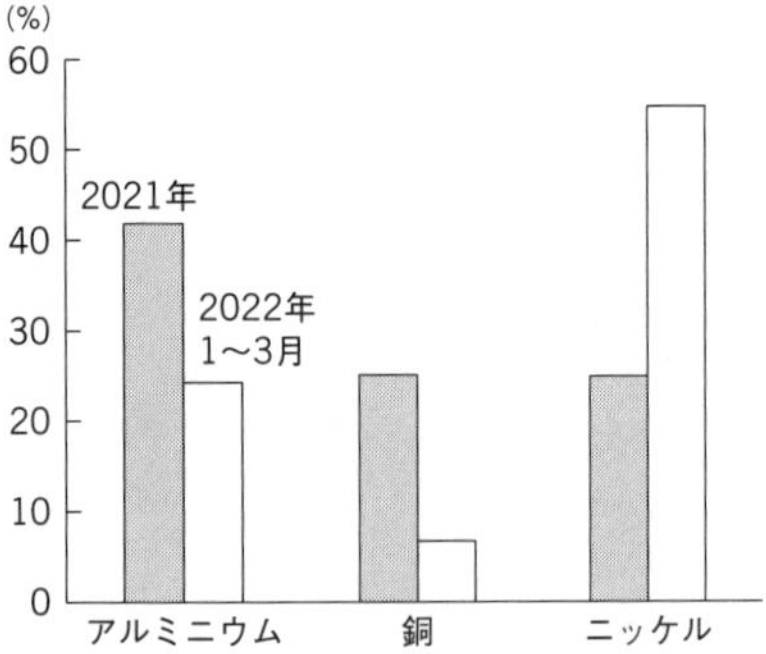

（出典）ロンドン金属取引所

スは、2000年代初頭、07年、10年に大きく上昇している（図表3－2）。

原油と金属はそれぞれ、売り手も買い手も、需給の環境も違うのに、同じタイミングで上昇するのは偶然とは思えない不思議な現象だ。コモディティーファンドが幅広い商品に一定割合で投資するからとも考えられるが、それだけだろうか。

21年に金属が高騰した大きな理由は2つある。

- 需要サイドでは、電気自動車（EV）、再生可能エネルギー向けへの需要が拡大。ポスト・コロナを見越して新しい産業へ

図表3-2　リフィニティブ・コアコモディティCRBインデックス（年末値）

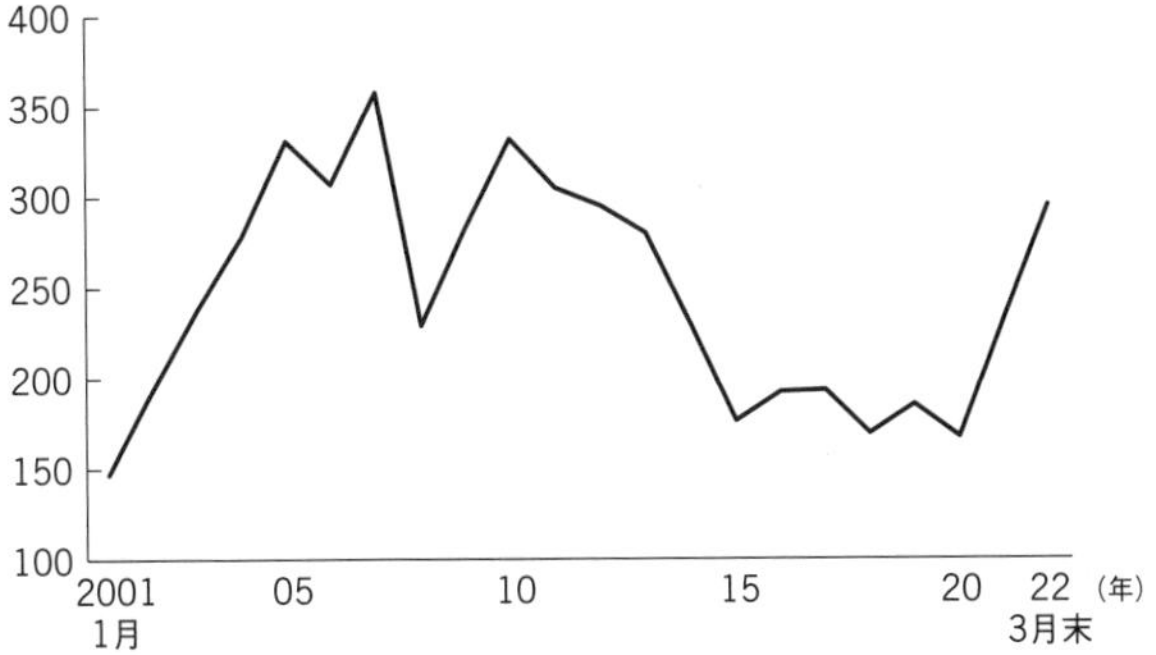

の期待も高まった。

- 供給サイドでは、株主からの圧力もあり、資源会社が環境破壊につながりやすい鉱物生産に一段と慎重になった。

脱炭素の動きが需要に拍車をかけている。EVや再生可能エネルギー発電所は大量の金属を使う。EVのシェアは8％超とガソリン車に遠く及ばないものの、ここ数年は急ピッチで増加している（図表3－3）。EVは電線を使うため銅の需要を拡大させ、リチウムイオン電池用にリチウムも欠かせない。急速に需要が拡大し、生産が十分に追いつかない状態にある。

図表3-3　電気自動車の市場シェア

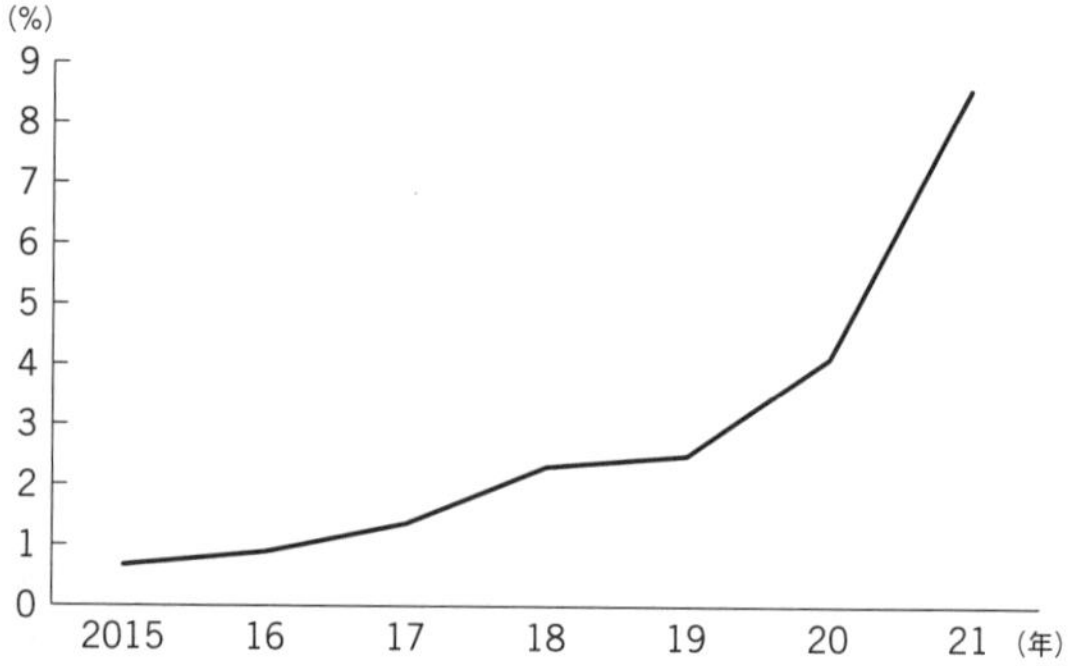

（出典）国際エネルギー機関

のしかかる環境問題

原油、石炭など化石燃料は長期的に見れば脱炭素が進展すれば需要が減少する可能性がある。ところが、金属は脱炭素が進めば進むほど需要が増える。業界の懸念は、需要に対応する供給量を確保できず、ＥＶ生産や再生可能エネルギー発電の建設が滞るリスクだ。

供給サイドには化石燃料と同様、環境問題がのしかかる。鉱山開発は周辺の水質汚染や環境破壊が起きやすく、地元政府や住民の反対にあいやすい。環境意識の高い株主からも資源会社に厳しい目が向けられ、増産のための投資に慎重になる。化石燃料の高騰は電力

図表3-4　金属価格が高騰する仕組み

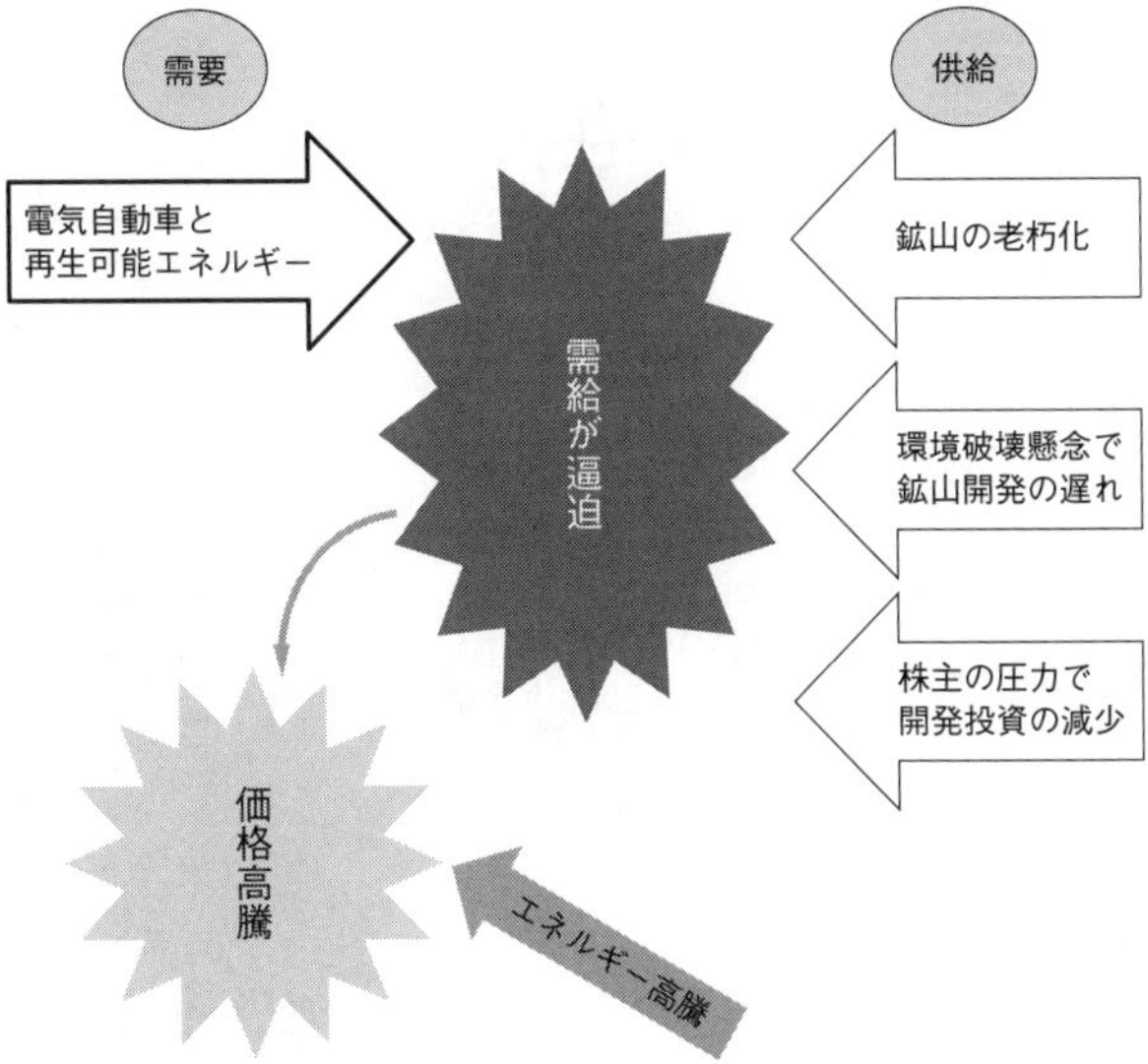

の値上がりにつながり、金属の掘削や精錬コストにも跳ね返る。

21年から顕在化したコモディティー高騰は、こうした一連の要因が複合的に働いている。過去のコモディティー連鎖高の局面と違うのは、化石燃料も金属も、脱炭素という同じ要因が出発点になっていることだ。脱炭素への取り組みが本格化することを考えれば、コモディティー高は当面続く可能性があるだろう（図表3－4）。

2 銅が直面するジレンマ

高まるインフレとの相関性

「銅の価格は中期的に高騰が続くスーパーサイクルに向かっている。新しい需要の出現によって相場は駆り立てられている」。こんな声が聞かれる。

金属についての情報を提供しているグローバル・パラジウム・ファンドが21年7月に

発表した調査では、欧州の１５０年金基金のうち81％が、インフレ率の上昇と経済成長で、銅がさらに魅力的な投資先になると回答。約半数が銅への投資を増やすとしている[1]。

銅の需給の深刻さが分かるにつれ、市場はより強気な相場見通しに傾き始めた。投資マネーが実需に乗る形で、高騰に拍車をかけようとしている。

その銅の高騰は記録的な米国のインフレ率に跳ね返っている。21年ごろから、銅先物相場と、10年物の米期待インフレ率（ブレーク・イーブン・インフレ率＝ＢＥＩ）は相関性を強めるようになった。ＢＥＩは固定利付国債と物価連動国債の利回りの差で算出し、市場参加者が見込むインフレ率を表す（図表３－５）。

21年には、銅先物が上昇し、足踏み状態になると、米期待インフレ率も上昇して足踏みになった。銅の用途が拡大し、それだけ経済との関係が深くなったことの表れだ。

22年から米国はインフレ抑制効果を狙い利上げにかじを切った。利上げにより経済活動を抑制する力が働くから、ビルや住宅の着工が減り金属の需要が落ちるというのが経験則だ。

図表3-5　銅先物と米期待インフレ率の相関性が強まった

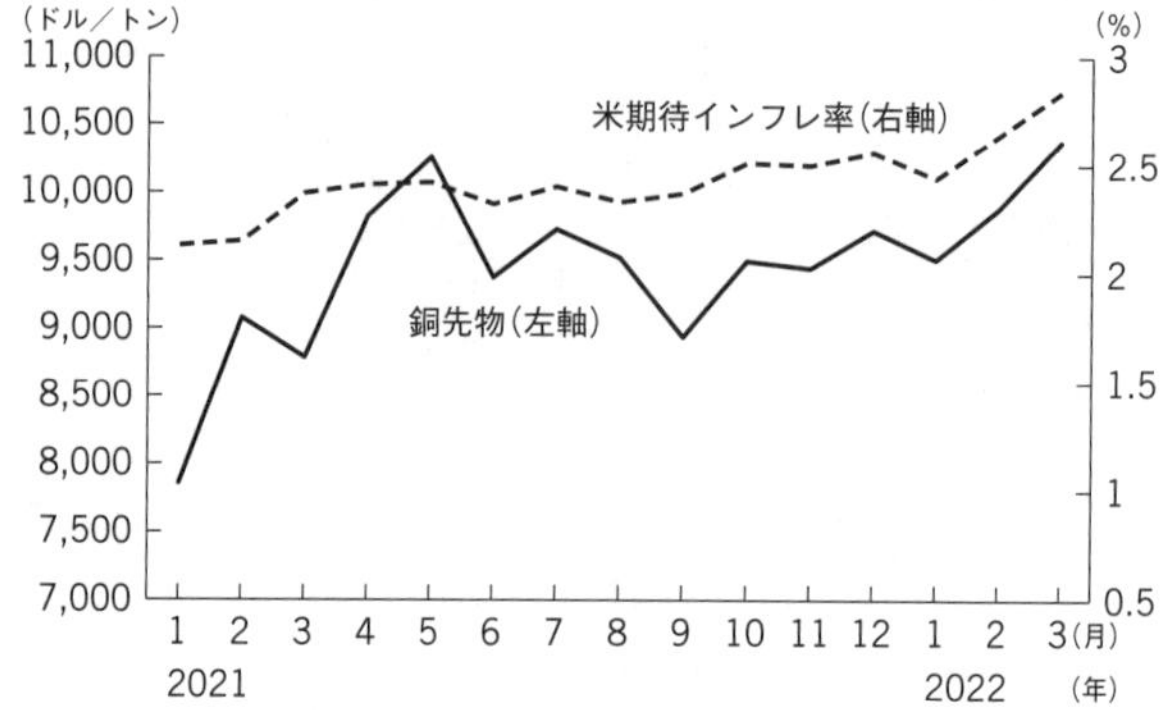

(出典) FRED

ところが、今回は脱炭素の動きが金属需要を押し上げている。利上げで自動車ローンの金利が上がり自動車全体の販売に陰りが出たとしても、各国政府がＥＶ普及に力を入れるから、ガソリン車からＥＶへの流れは変わりそうにない。利上げの効果を疑問視する声もある。銅先物の高騰が続くなら、インフレ率も上昇する可能性はないだろうか。

需給で始まる新常態

世界最大の銅生産国チリに変調が起きている。22年1月の生産量は前年同月比7・5％減り11年ぶりの低水準になった。3月

チリの銅生産量が減少している＝ロイター／アフロ

も7・2％減り、このままでは年間で04年の水準を下回る可能性もある。アナリストの間では「失われた20年」になりかねないとの声もある。

銅の供給は大丈夫かとの懸念が強まっている。EVで使う銅の需要は、今後10年で5倍に増えるとの予想もある。ここ数年、需要が供給を上回る傾向が続いており、21年も不足した（The International Copper Study Group 統計）。

バンク・オブ・アメリカ証券は22年も不足状態と予想、その後、23年、24年は供給が過剰になるが、25年からは再び供給不足が始まるとみている。[2] 現在、世界で10の鉱

図表3-6　銅の供給不足が続いている

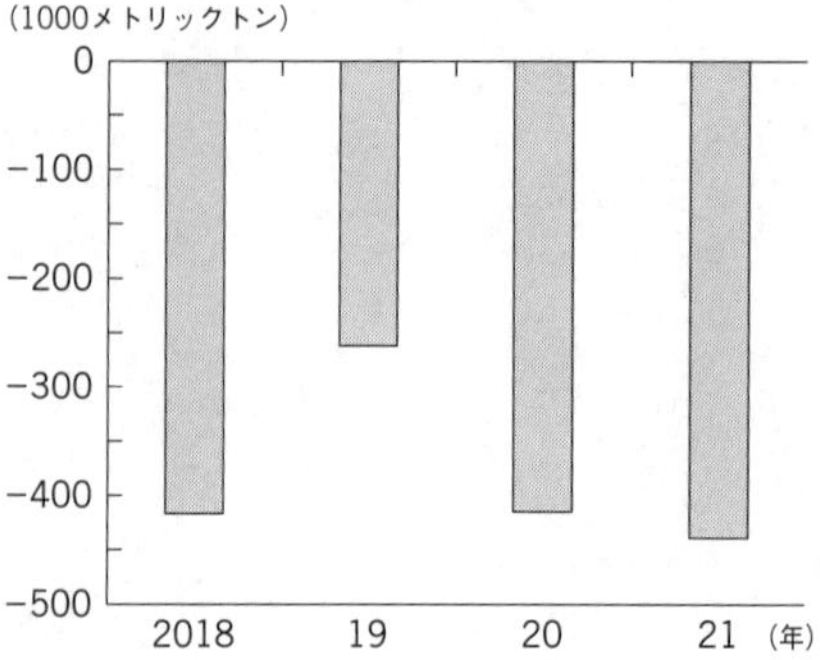

(出典) The International Copper Study Group

山のプロジェクトが進んでいて、それらが立ち上がると供給が増え、その後は、鉱山投資の減少もあって不足に転じざるを得ないという。

世界の銅供給を脅かす要因の1つは鉱山の老朽化だ。同じ銅鉱山を長年掘り続けると、採掘できる銅鉱石の量が次第に減少していく。周辺の水質を汚染するなど環境問題がクローズアップされるなか、鉱山会社は新規の開発を進めにくい状況にもある。

資源投資会社ゲーリング・アンド・ローゼンクワイクは、銅の供給は脆弱な状態にあると指摘する。コンゴなどで有力銅山の開発が進んでも「ほかの鉱山が枯渇する分を相殺す

図表3-7　世界の銅鉱山の生産量（2021年）

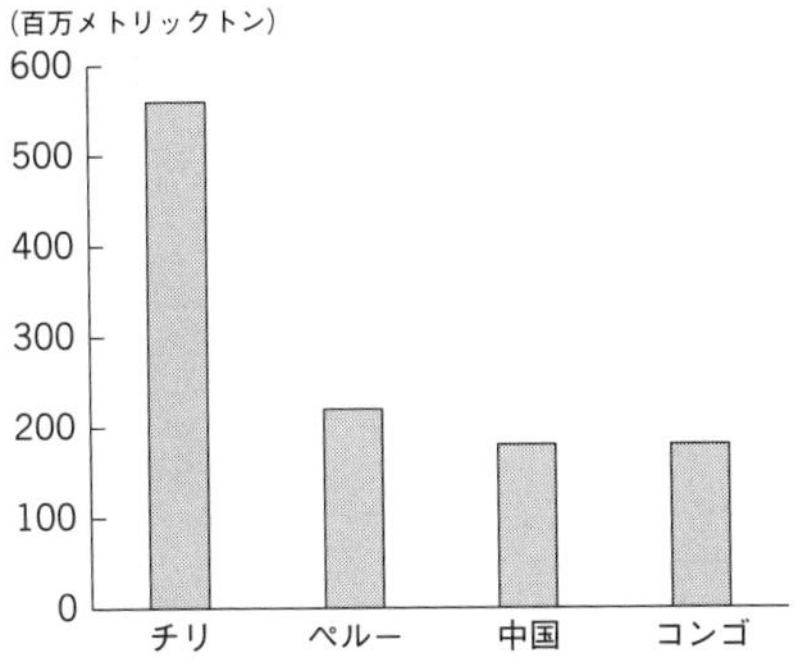

（出典）United States Geological Survey

るだけで、世界の生産量の伸びにはつながらない」と分析。２０００年以降、鉱山会社の埋蔵量が増えた分の大半は、品質の低い銅だと分析している。その一方で需要は、世界の約半分を占める中国が、いずれ75％まで増える可能性があるとみている。[3]

中国需要はすでに市場を揺さぶり始めている。21年にロンドン金属取引所（ＬＭＥ）の在庫量が急減した。金属全般で在庫は減る傾向にあったが、銅の場合、出荷待ちの状態にある「キャンセルド・ワラント」と呼ぶ量が急増した。これは出荷を予定している分が出払うと、在庫水準が大きく低下することを意味する。21年10月頃からいったんは比率が低

図表3-8　主な金属の在庫の増減率

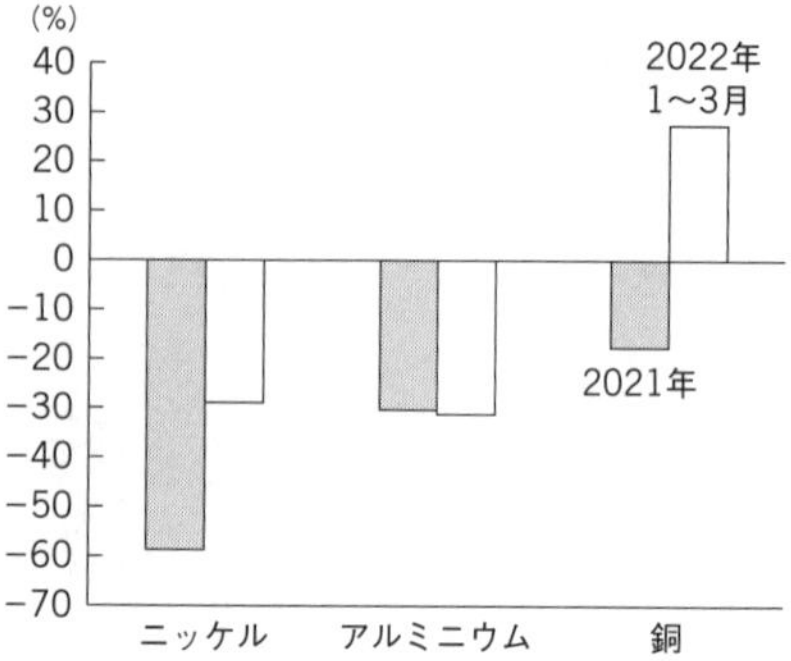

（出典）ロンドン金属取引所

下したが、12月ごろから再び上昇し始めた（図表3−8）。

ＬＭＥの銅在庫はどこに行ったのか。輸入量の分析などから中国が有力との見方が浮上した。中国税関総署の統計では銅の輸入は21年11月まで3カ月連続で増えた。電力不足による精錬所の休止が伝えられるなか、鉱石から製錬する分を減らし、必要な金属は輸入を増やし対応し始めたとみられている。

高騰がもたらすナショナリズム

銅の需給逼迫は、需要の伸びに比べ資源会社の投資が伸びないことにも原因がある。「世界の資源会社は銅の供給不足を埋めるため、30年までに1000億ドルを投資する必要がある」。調査会社CRUグループのアナリストはこうみる。[4] これは世界最大級の銅山8個に匹敵する生産量の確保を意味し、現在の供給がどれだけ危機的かを示している。

銅の高騰が鉱山会社に利益をもたらした結果、その分配を求めて原産国がナショナリズムに傾斜し、生産への影響が懸念され始めた。

チリでは海外などの鉱山会社にロイヤルティーを求める動きが強まり、銅やリチウム鉱山を国有化する動きも出ている。第2位の生産国ペルーでも鉱山会社に対する税金を引き上げる動きが浮上した。ペルーの銅山では、ニューヨーク証券取引所上場のサザン・コッパーが、環境汚染を引き起こしているのに地域に十分な貢献をしていないとして周辺住民の抵抗にあった。

化石燃料と同様、価格の高騰がそのまま鉱山の増産投資の意欲を高めるわけではない。銅不足は資源会社にとってビジネスチャンスのはずだが、環境問題の壁があり、株主の厳しい目もあって簡単に動けないのが現実だ。

3 リチウムの争奪戦が始まった

飛躍的に伸びる需要

米株式市場で21年10月、イーロン・マスク最高経営責任者（CEO）の率いる米EVメーカー、テスラの時価総額が1兆ドルを突破した。脱炭素の潮流に乗り、電気自動車の快進撃が止まらない。

そのテスラに懸念材料があるとしたら、1つは部品の価格高騰で生産が制約される事態だ。中でもEVのバッテリーに欠かせないリチウムの安定調達は優先課題だ。

テスラはリチウム調達に最も積極的な自動車メーカーだ。これまでに中国大手ガンフォンリチウムとの契約に続き、オーストラリアの資源会社ライオンタウン・リソーシズと5年契約を結ぶなど着々と手を打っている。

図表3-9　リチウムは大幅な不足が予想される

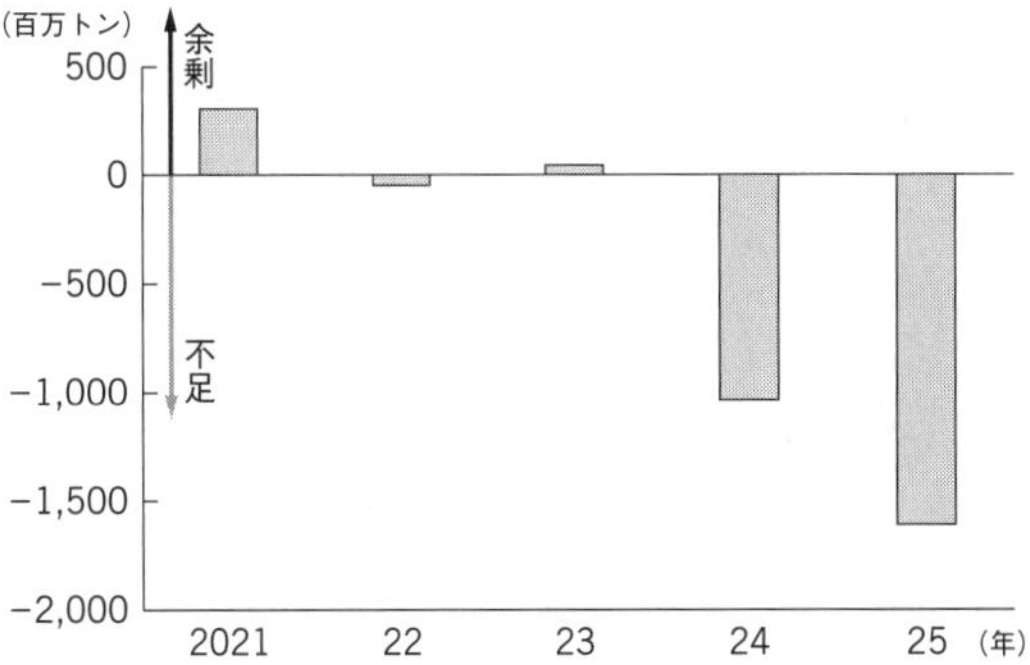

(出典) Bank of America Securities

世界の自動車メーカーが一斉にリチウム争奪に乗り出した中ではテスラも楽観できそうもない。米エネルギー省によると、25年までに全米で13の大規模バッテリー工場の建設が予定され、そのうちの8つは自動車メーカーとバッテリーメーカーの合弁事業だ。[5]

リチウムの開発強化の機運は17年にも高まったことがあった。当時は需要が想定以上に伸びず、供給過剰で相場が低迷、19年12月にはカナダのリチウム鉱山会社が経営破綻した。今回は大きく事情が違う。

脱炭素を進める各国政府が電気自動車の販売の数値目標を掲げ、台数は着実に増えている。例えば中国の電気自動車、プラグイン・

ハイブリッド車、燃料電池車の新エネルギー車（NEV）の販売台数は、21年に150％以上増えた。欧州では、欧州自動車工業会（ACEA）によると、21年のプラグイン・ハイブリッド車の新規登録台数は前年比71％増えた。

リチウムイオン電池の需要はそれに比例して増える。ライスタッド・エナジーによると、21年の世界のバッテリー需要は前の年の2倍以上になった。さらに30年には21年の15倍に近づく。[6]「27年から深刻な供給不足に陥る可能性がある。29年までに価格は3倍になるだろう」と予測。新規のリチウム鉱山の開発には5～7年かかり、需要の伸びに追いつかないという見方が広がり始めた。

ドイツ銀行は21年5月のリポートで「25年にはリチウムの需要が現在の3倍になる」と予想。さらに30年にはさらに急増するが、供給は不足すると指摘した。[7]

22年初めのリチウム価格は1年で約6倍になった。最も需給逼迫の懸念の強い金属の1つで、EV普及の命運を握っている。

図表3-10　世界のリチウム生産量と埋蔵量（2021年）

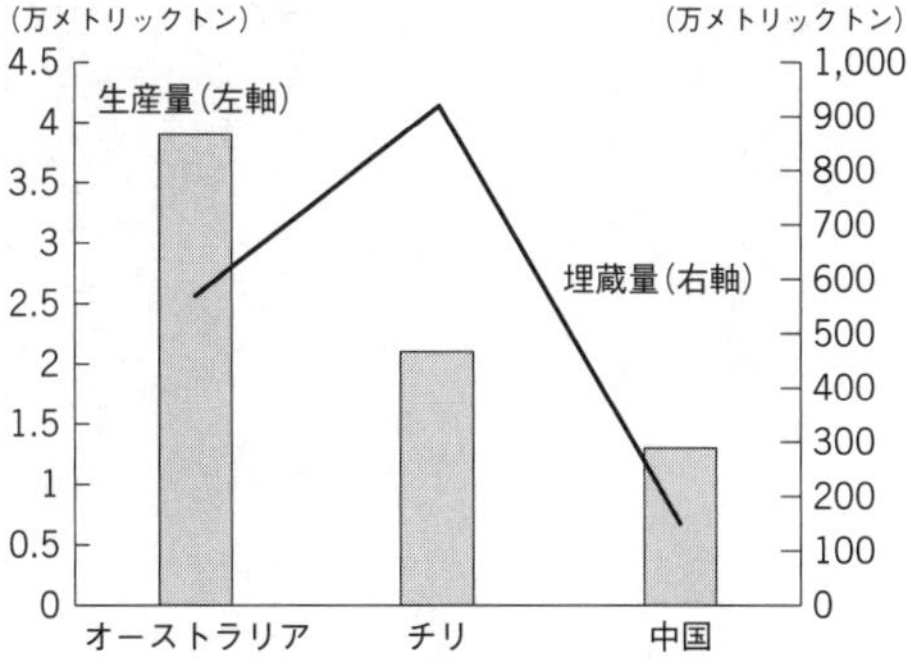

（出典）United States Geological Survey

生産には環境問題の壁

リチウム生産は主に２つの方法がある。１つは塩湖から生産する方法で、中南米のアルゼンチン、チリ、ボリビアのリチウム・トライアングルで産出している。もう１つは鉱石から採掘する方法で、生産量はオーストラリアが圧倒的に多い（図表３―10）。

今後、価格高騰が続けば、資源会社が開発を強化する動きは出てくると予想される。ところが、ほかの鉱物と同様、そう簡単に生産を増やせない事情がある。

22年１月、英豪資源大手リオ・ティントがセルビアで計画していたリチウム業界期待の

セルビアではリチウム開発に反対する運動が起きた＝ロイター／アフロ

プロジェクトが頓挫した。セルビア政府がプロジェクトの許可を取り消した。環境団体や市民などからの環境への影響を懸念する声に配慮した。

　セルビアは「全てのライセンスは無効になった。プロジェクト中止を求める環境団体の要請を聞き入れた。プロジェクトはこれで終わりだ」と宣言したという。[8]

　欧州最大のリチウム鉱山となって、将来は欧州のリチウム生産の3分の1を担うと期待されていた。イオン電池と電気自動車にとっても大きな誤算だ。北米のプロジェクトでも環境保護を理由にした生産への厳しい逆風が吹いている。

地政学リスクも影響

リチウムは地政学リスクにもさらされやすい。自動車販売台数が世界首位の中国は、リチウムの生産量は3位。今後、ＥＶへのシフトを加速すれば、リチウムをほかの国に十分供給するかどうか不透明になる。

国際エネルギー機関（ＩＥＡ）は21年、リチウム供給を「エネルギー安全保障」に関わる問題と位置づけた。今後20年で需要は40倍になるとして、各国政府に在庫を持つことを推奨した[9]。欧州連合（ＥＵ）は「重要天然資源」のリストに加えるなど、いまや各国の戦略資源になった。

ＥＶ普及に向け、世界はリチウムがいかに重要な鉱物かを認識し始めた。脱炭素を進める環境派からＥＶ普及のために増産せよとの声が上がる。一方で、別の環境保護派からは新たな鉱山開発に反対の声が上がる。リチウムは金属のカオス状態を象徴しているかのようだ。

4 EV、再生エネルギーが生む連鎖

ニッケルは大丈夫か

ロシアのウクライナ侵攻直後、LMEで銅やアルミニウムなどが軒並み高騰するなか、特異な動きをしたのがニッケルだ。中国ニッケル企業の大量の売りポジションが、ショートスクイーズ（踏み上げ）にあい急騰した。

中国企業の大量の売りポジションは謎だ。高騰予想が多かった中で逆の動きをしていたことになる。

LMEではEV電池向けの高品質のニッケルを取引する。中国景気減速によるEVの生産減少や、インドネシアのニッケル増産を予想し、需給が緩和すると踏んだ可能性はある。この見立てが正しいなら、EV業界の危機感とはかけ離れている。

「効率的に環境に優しい方法でニッケルを生産する企業と、長期の大型契約を結ぶ」。20年、テスラのイーロン・マスクCEOは、鉱山会社に増産を訴え、こう述べた。22年5月には資源大手ヴァーレと製造工程で排出量の少ないニッケル調達の長期契約を結んだ。

独フォルクスワーゲンも、ニッケルの調達でアジア企業と提携した。2、3年前から自動車メーカーが自らニッケルの囲い込みに動いているのだ。

リチウムイオン電池に不可欠なニッケルは、電池のコストの約2割を占めるとされる。米国政府は最近、ニッケルを「クリティカルミネラル（重要鉱物）」のリストに載せ、確保に力を入れることになった[10]。

EVに必要な主要鉱物の産地は中国に偏在し、リチウムイオン電池の供給も大半を中国企業が握っている。米中経済摩擦、対中国への経済制裁によっては、金属や電池の供給不足がいつ顕在化するか分からない。脱炭素により需要拡大が加速する一方で、供給は二重三重のリスクを抱えている。

図表3-11　電気自動車で使う主な鉱物

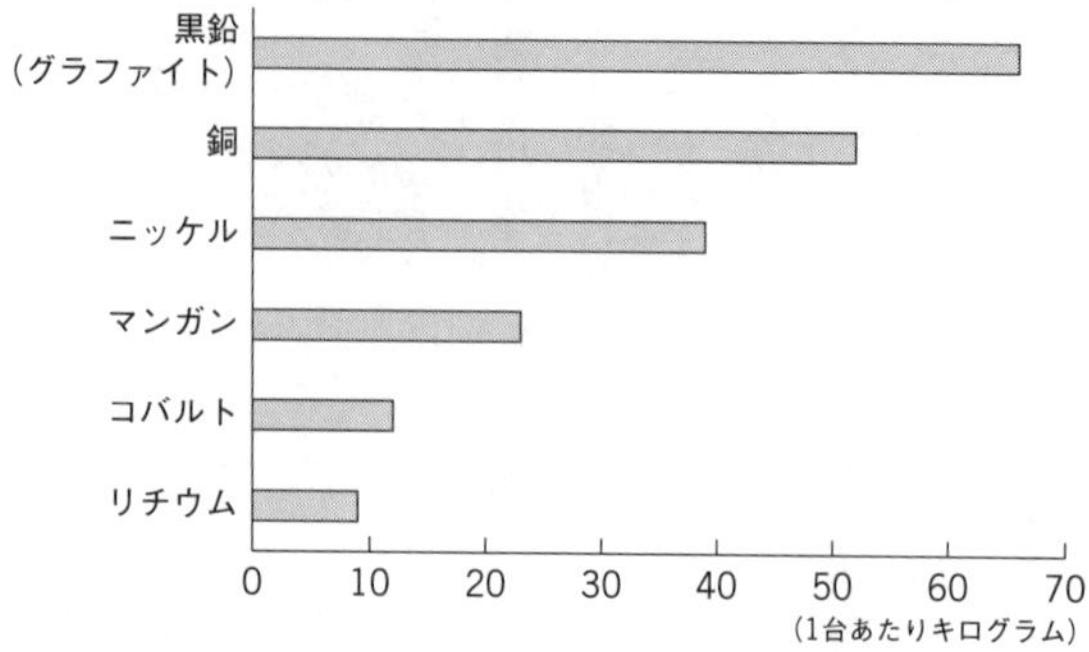

（出典）国際エネルギー機関

グラファイトも足りない

ＥＶ用の鉱物でリチウムより供給懸念の強いのが黒鉛（グラファイト）だ。ＥＶに積み込む大量のリチウムイオン電池の負極に使われる。ＩＥＡによると、ＥＶ1台あたりの使用量は銅を上回る（図表3－11）。

国際通貨基金（ＩＭＦ）はエネルギー移行に関連する分野で、最も不足が懸念されるとして、現在の生産レベルでは50年までに供給不足に陥るとみる。[11]

ＥＶ普及に合わせ、需要は飛躍的に伸びる。ＩＥＡは40年まで年間25倍の需要が発生するとみているほか、[12]米政府はリチウムとグ

図表3-12　グラファイトの鉱山生産量（2021年）

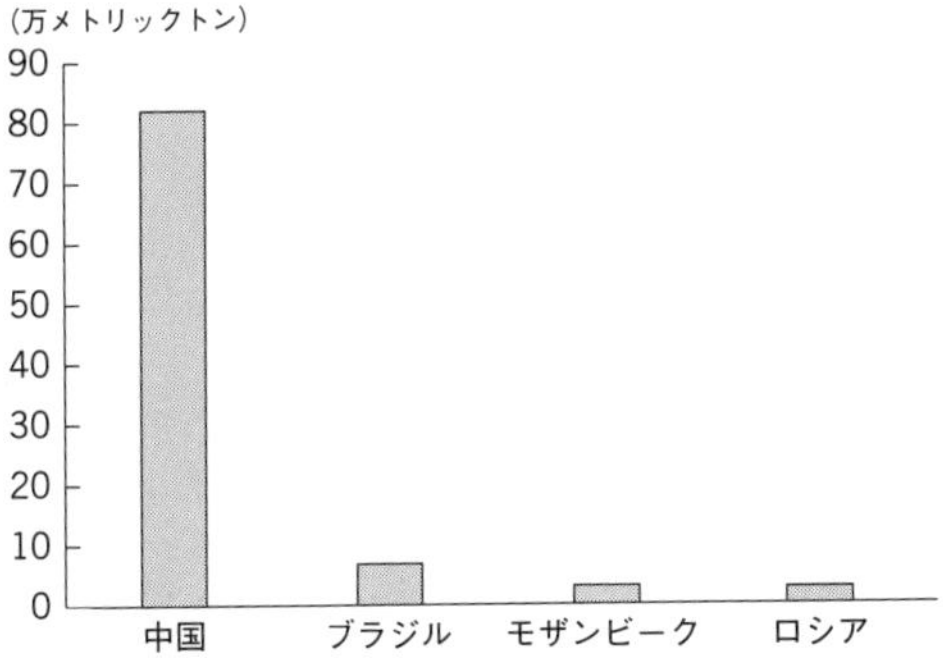

（出典）United States Geological Survey

ラファイトは数十年で4000%と驚異的な伸びを予想する。[13]

需要の伸びに比べ供給は脆弱だ。グラファイトの生産はほぼ中国に集中している（図表3－12）。米国の輸入量の約7割は中国。アジアを中心に世界の電池会社の大半は、中国の鉱山で採掘された黒鉛か、他の国で採掘され中国で加工、精製された黒鉛を使用していると言われる。

「米国には、テスラの生産に必要な仕様を備えた人造黒鉛を生産できる企業はない」。

EV大手テスラは21年12月、米通商代表部にこうコメントした。[14] 米国内で調達できない以上、中国からの輸入に頼らざるを得ないと訴

図表3-13　陸上風力発電で使う主な鉱物

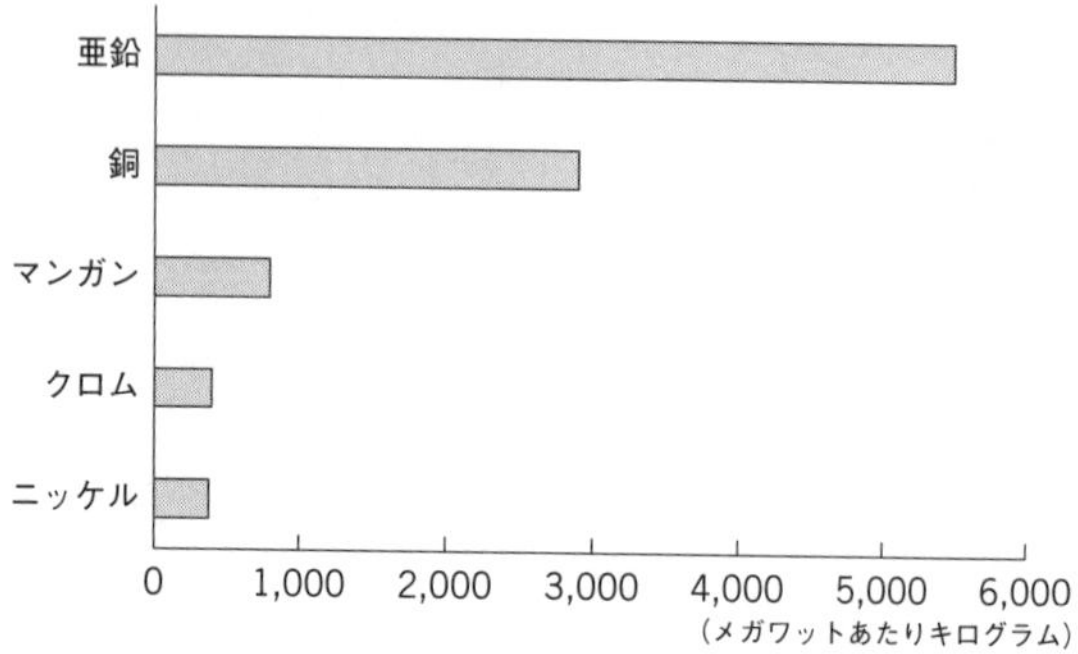

（出典）国際エネルギー機関

え、米国が課している関税に懸念を示した。

中国に極端に依存することのリスクは分かっている。だが、代替する鉱物も、代替する生産地も見つからないから、状況を変えることができない。ＥＶは不安定な資源に依存し、将来の生産にリスクを抱えている。脱炭素を進めるうえで、ハードルはここにもある。

亜鉛、アルミにも懸念

脱炭素の動きが大量の金属、鉱物需要を生むのは、陸上の風力発電設備も同じだ。風力発電設備の１メガワットあたりの亜鉛の利用量は銅の２倍近い（図表３－13）。

亜鉛もやはり中国への依存度が高い。米地質調査所（USGS）は「生産集中が数十年の間に著しく上昇した」として、警戒を示した。

エネルギー価格の高騰で電力料金が上がったことも直撃している。ベルギーの亜鉛最大手ニルスターは21年、電力価格の高騰を受け、欧州の3つの精錬所で最大50％生産を減らすと発表した。[15] 再生可能エネルギーによる発電が安定的に電力を供給できるようになるまで、金属の価格も、天然ガスや石炭の不安定な価格に左右される可能性が高い。

太陽光発電向けではアルミニウムの需要が増える。アルミの太陽光向け需要は40年に20年の2・3倍になるという予想もある。[16]

アルミの供給のカギを握るのも中国だ。米地質調査所のデータでは、中国はインドやロシアを抑え、生産量が圧倒的に多い。バンク・オブ・アメリカ証券によると、アルミニウムの精錬は亜鉛に比べ4倍の電力が必要で、コストの40％をエネルギーが占める。[17] 中国の電力不足は、精錬所の操業縮小につながる可能性があり、懸念材料の1つだ。

アルミ生産に欠かせないマグネシウムも不足している。アルコアなど北米のアルミ大手は21年、顧客に対し、マグネシウム不足で今後の生産に影響が出かねないと相次ぎ警告した。マグネシウムの生産は中国が圧倒的に多い点もリスク要因だ（図表3―14、3―15）。

脱炭素を進めるには再生可能エネルギーへの移行が欠かせない。ただ、その過程で金属需要が加速度的に増えることは避けられない。このジレンマは地政学リスクも絡み、複雑化している。

ロシアによるウクライナ侵攻で注目を集めたのがパラジウムだ。パラジウムは主に自動車の排ガス浄化の触媒に使われ、ロシアが世界シェア4割を握る。「ロシアのパラジウムを代替しようとしても、今後5年で半分しかできない」という見方もある。[18] ただ、短期的には侵攻の影響が大きいが、長期的にはガソリン車がＥＶに置き換わるとパラジウムの需要は減る可能性があるという。

一方、将来影響が大きい可能性があるのはプラチナだ。ロシアのシェアは約1割だが、欧州を中心にグリーン水素への注目が集まるなか、水を電気分解する際の電極用の需要が増えるという（図表3―16）。

図表3-14　アルミニウムの国別生産割合（2021年）

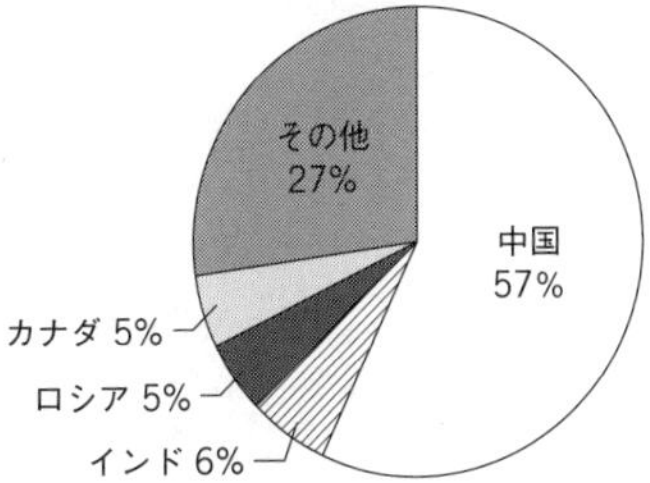

（出典）United States Geological Survey

図表3-15　マグネシウムの国別生産割合（2021年）

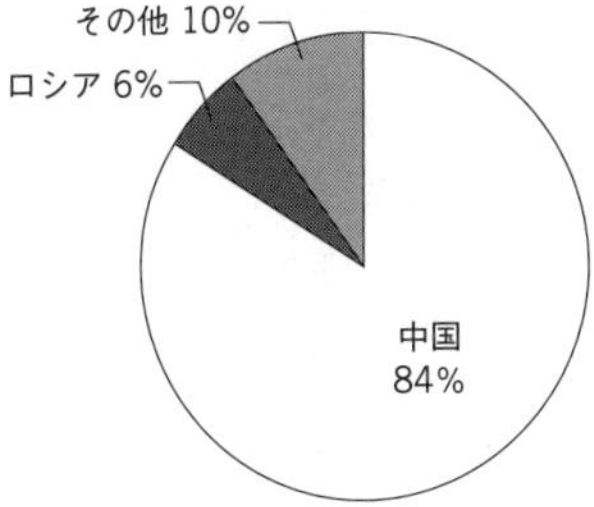

（出典）United States Geological Survey

図表3-16　パラジウムとプラチナの鉱山生産量（2021年）

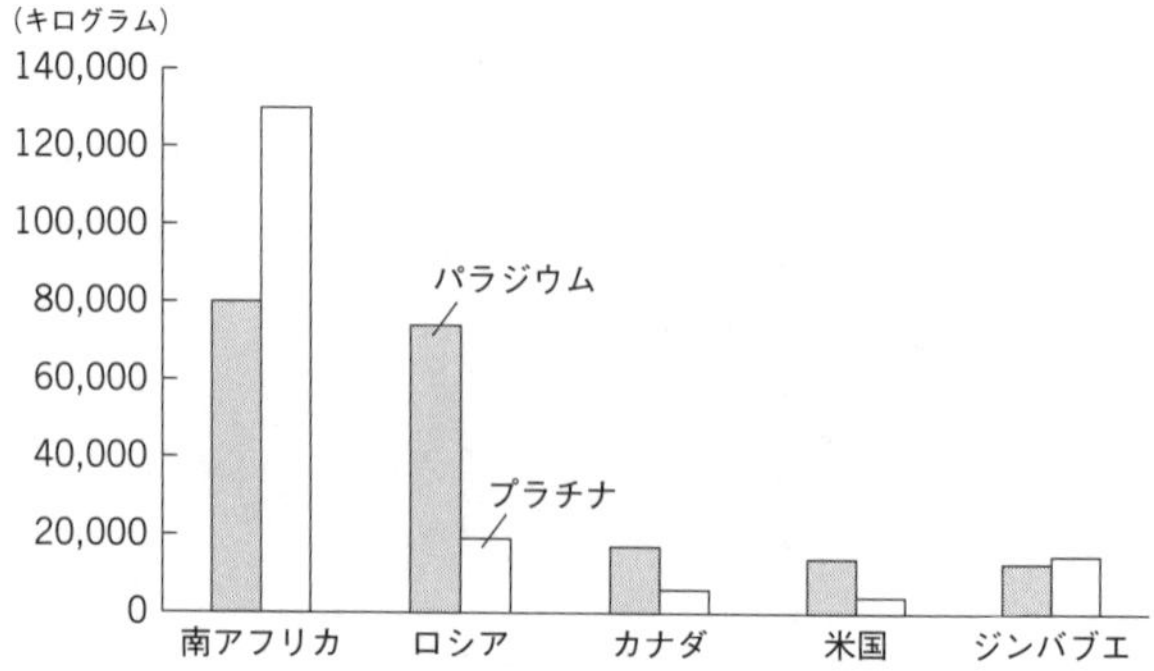

（出所）United States Geological Survey

金属以外にヘリウムも不足

金属以外で最近、供給懸念が強まっているのがヘリウムガスだ。需要が急増し、取引価格が高騰している。要因の1つが米グーグルやアマゾン・ドット・コムなどIT大手などによるデータセンターの建設ラッシュだ。

データセンターにヘリウムガスは欠かせない。データを記録するハードディスクドライブ（HDD）のディスクの収容容器に空気より軽く、抵抗の少ないヘリウムを入れると摩擦が減る。同じ容量でより多くのディスクを搭載できるようになり、情報処

データセンターではヘリウムが欠かせない＝アフロ

理量が飛躍的に増すためだ。

医療用のヘリウムガスの需要も膨らんでいる。磁気共鳴画像装置（ＭＲＩ）では主に冷却に使われている。調査会社のリサーチ・アンド・マーケッツによると、世界のヘリウム市場の規模は２０２０年の22億ドルから26年に28億ドルに拡大する見込み。[19]従来からある医療向けにデータセンターの需要が加わり、世界的な供給不足への懸念が広がっている。

ヘリウムの供給はややいびつだ。世界の供給量の約４割を担うとされてきたのは、米テキサス州にある米国政府の貯蔵施設（ＦＨＲ）だった（図表３－17）。第一次世

図表3-17　世界のヘリウム生産割合（2021年）

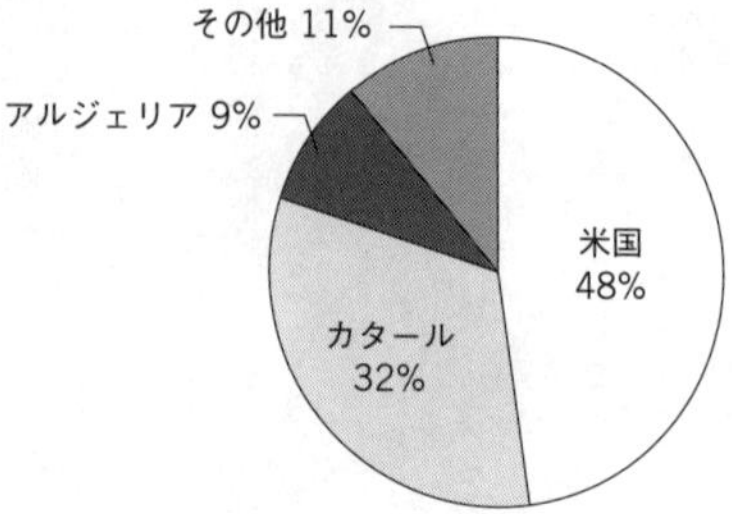

（出典）United States Geological Survey

界大戦のころから、米政府はヘリウムの軍事利用の可能性に注目し、管理を一手に担ってきた。民間企業は主にＦＨＲからヘリウムを安定して調達してきた。

ところが、米政府が「ヘリウム事業から手を引き、民間企業がこの産業を発展させて米国のニーズに応え、持続可能な経済モデルと米国人の雇用を創出する時だ」との方針に変更した。[20] 備蓄と需給のバランスが不安定になり調達不安が広がった。

5 鉱山が直面する環境と人権

SECから責任追及

　鉱山会社は環境や人権と向き合うことを迫られている。鉱山は周辺の水質汚染や環境破壊を引き起こすリスクがあり、地元の当局、住民、監視団体から厳しい目が注がれている。

　19年1月、資源大手ヴァーレのブラジル東部の尾鉱《びこう》ダムが決壊した。尾鉱ダムとは、採掘した鉱石から有用鉱物を採取し、残った廃棄物を貯蔵するダム。決壊で発生した汚泥が周辺に流れ込み、多数の死者を出した。鉱山の絡んだ事故としては最も被害が大きいものの1つと言われる。

　それから3年、米証券取引委員会（SEC）はヴァーレの提訴を発表した。[21]

ブラジルのダム決壊事故では、資源会社の責任が問われている＝AFP／アフロ

「ダムが国際基準を満たしていないことを知りながら、最も厳しい国際慣行を順守していると投資家に虚偽の説明をした」。SECはこう厳しく非難。「ダムがもたらす環境リスクと経済リスクを隠していたとされる一方で、投資家を欺き、債券市場で10億ドル以上を調達した」「ダムが不安定になる兆候を意図的に隠していた」と指摘した。

尾鉱は世界に多数ある。廃棄物を処理するよりコストが低く抑えられるため利用することが多い。ほかの鉱山でも同様の被害が発生する可能性がある。

こうした鉱山の事故は上場企業なら

ＳＥＣからも責任を追及されるのだ。ＳＥＣは最近、ＥＳＧ（環境、社会、ガバナンス）に関する情報開示に目を光らせているという。鉱山開発を進めるにあたり、これまで以上に厳しい環境配慮が求められる時代になった。

鉱山の環境問題には、資源国の政府や住民が目を光らせ始めた。チリの環境当局は22年５月、資源大手アングロ・アメリカンから出された30億ドルかけて銅山を拡張する計画を拒否した。[22] 健康に与える潜在的なリスクについて情報が欠けているのが理由。アングロ・アメリカンは、老朽化した銅山に代わる新たな採掘を期待していたが頓挫した形だ。

ＢＨＰは22年４月、チリの銅山で環境保護活動家らの抵抗などを理由に、年間の銅生産量の見通しを下方修正した。もはや、環境との両立を図らないと、十分な生産体制を築けなくなっている。

人権問題にも厳しい目

鉱山には人権問題の観点からも厳しい目が向けられている。英国の「ビジネスと人権リソースセンター」は、再生可能エネルギーへの移行に必要な銅、コバルト、リチウム、マンガン、ニッケル、亜鉛の6つの鉱物について、資源会社が人権侵害をしていないかどうか調査した[23]。その結果、2010〜21年の間にアフリカ、アジア太平洋、南米などで495件の人権侵害があったと指摘した。

資源会社が人権問題を抱えることは、訴訟や労使紛争への対応を迫られることになり、生産面でも支障が出やすい。

人権問題では中国の資源企業との関係も問われ始めている。22年4月、米上院議員は独フォルクスワーゲンに書簡を送り、ニッケル、コバルト、リチウムの調達で、強制労働の疑いのある中国企業と提携したことについて説明を求めた[24]。その中で「大量虐殺、強制労働、人身売買、児童労働、熱帯雨林の破壊は、環境・社会・経済のリスクとして必要だと思うか」と基本的な姿勢を問いただした。

環境と人権の問題は、ほかの産業以上に資源会社がいま最も配慮すべき課題になった。過去には許容されてきた緩い考え方が、ESG時代には通用しなくなっている。

EV用金属の排出量問題

金属は鉱山から採掘して、精錬するのに大量のエネルギーを使う。現在は石炭や天然ガスによる発電が主力だから、EVの普及を進めることは温暖化ガスの排出量を減らす効果がある半面、使用する金属の製造工程で排出するガスを増やす可能性もある。

EVを巡る問題は今後、電池に必要な金属の調達と並んで、使う金属の排出量をどう減らすかに焦点があたる可能性がある。

EV大手テスラが22年5月に発表した「インパクトリポート」はこの問題を考える手掛かりを与え、示唆に富んでいる。

リポートによると、EV電池で使う鉱物のサプライチェーン段階の排出量が最も多いのはニッケルで、全体に占める割合は31%だった。2位はグラファイト(18%)、3位はリチウム(13%)[25]。

テスラはニッケル調達に熱心だが、そのニッケルがほかの金属に比べて圧倒的に排出量が多いのだ。グラファイト、リチウムもEVメーカーの間で争奪戦が起きている。つまり、環境対策を進める手段としてＥＶの普及を進めると、鉱物の需要が増えると同時に、排出量を増やす皮肉な事態が予想されるのだ。

こうした問題を解決する有望な方法が、製造工程で再生可能エネルギーを使い排出量を減らすグリーン金属とリサイクルだ。

金属リサイクルはここ数年、急速に脚光を集め始めている。資源大手グレンコアは22年5月、電池リサイクルのカナダ企業と戦略的提携を結んだ[26]。「リサイクルした原料や鉱物を電池のサプライチェーンに返す循環型の経済を目指す」としている。グレンコアはコバルトなどでもリサイクルに乗り出している。鉱山で掘削するビジネスを手掛けてきた資源会社が、リサイクルに活路を見いだそうとしている。

リサイクル活用の模索

「欧州の化石燃料への依存を繰り返さないよう、長期的な循環型経済を発展させるための措置が必要だ」。ベルギーのルーベン・カトリック大学と金属業界が22年4月に発表した論文はこう警鐘を鳴らした[27]。

論文ではまず、欧州はクリーンエネルギー開始に必要な金属をより多く供給しなければ、15年で深刻な不足に直面するとみている。とくにリチウム、コバルト、ニッケル、希少金属、銅の5つが深刻という。

それを解決するのにリサイクルが必要だと訴える。欧州はクリーンエネルギーへの移行や技術開発を進めるが、必要な金属は海外に依存した状態。いま多額の投資をすれば50年までにクリーンエネルギーに必要な金属のうち最大で75%をリサイクルでまかなえるようになると分析した。

リサイクルによって自給する経済を確立するとともに、二酸化炭素の排出量を35〜95%減らすことができると予想している。

米NPOのCRESも「クリーンエネルギー技術の需要増加による鉱物不足を解決する1つの方法は、リサイクルを劇的に増やすことだ」と述べた。リチウムなど鉱物の需要が増え続ける一方、供給は中国を中心に偏在している状況を指摘し、リサイクルを有力な解決策として提案した。[28]

そして、産業用材料のリサイクルは投資家にもメリットがあり、高い目標率の達成は可能だが、個人が使用する商品は難しく、解決策が必要だとしている。リチウムや銅などの重要な鉱物を含む廃棄物のリサイクル率は、欧州が42・5％であるのに対し、アフリカでは0・9％と大きな開きがあり、世界的に高いリサイクル率を達成するためにはすべての国が協調して取り組む必要があるとした。

リサイクルが地政学リスクを低減

危機感を強める米国政府もリサイクルを重視し始めた。22年5月にバイデン政権が発表した戦略では、EV向けの電池などの生産強化へ30億ドル以上を投資する。その中には、国内の生産を強化するため、電池の部品を生産する企業やリサイクルする企業を後押しする施策が含まれる。さらにこれとは別枠で、電池のリサイクルに6000万ドルを支援する。

中国に支配されている市場は地政学リスクが高い。電池の部品を自給することでエネルギーの自立性を確保するとともに、30年までにEVの販売比率を5割に高める目標の実現を狙う[29]。

IEAは、40年までにリサイクルは電池用鉱物の供給量の12%にとどまるが、この割合を増やすことで需給の緩和につながると指摘した。

原油はシェール石油の開発が進んだことで、米国はエネルギー調達で自立することができた。そして地域紛争に巻き込まれるリスクを低減した。リチウムイオン電池の部品の主な調達先の中国は、いつ経済摩擦がこじれ調達に支障が起きるか分からない。国内で製造すればそのリスクから逃れられる。リチウムなどの鉱山が偏在し米国内で採掘は難しいなか、リサイクルによる安定確保で道を切り開こうとしている。

6 増幅する投資マネー

ニッケルのように、先物市場でショートスクイーズによって金属相場が高騰する現象はしばしば起きる。しかし、これは資源会社とメーカーが現場で行う取引の実勢を反映したものではない。金属の需給に基づいて高騰したところに、投資マネーが加わって増幅しているのだ。

過去20年間を振り返ると、投資マネーはITバブルの崩壊、リーマン・ショックという2つの大きな危機の後、コモディティー市場に流れ込んできた。コモディティーは、株式や債券と違い実物の裏付けがある。株式相場の暴落で損失を抱え、投資を再開するにしても警戒を緩められない機関投資家にとって、コモディティーは投資に動きやすいとみられる。

世界がコロナ危機からの出口を探り始めた21年も、投資家がコモディティー投資を急いだ。22年はロシアによるウクライナ侵攻とその後の経済制裁で、資源の需給が逼迫するとの懸念を背景に、リスク回避の目的もあって金、銀、プラチナなど一部コモディティーを買い増した。

投資マネーは需給実態だけを緻密に計算して動いているわけではない。投資リターンを重視するヘッジファンドは、上昇の兆候を見つけだすと短期間に勝負する。年金基金など長期の資金を運用する投資家は、ポートフォリオの株式、債券、為替、コモディティーの比率を決め、それに沿って運用している。コモディティーに配分するマネーの量をあらかじめ決めているので、相場状況をあまり考慮せず買いに動く。逆に決算期が近づくと売りに回ることが多い。

金属などコモディティーのジレンマはここにもある。産業用に使う金属の価格が、需給実態を反映した水準を超え、投資マネー固有の事情で動く。それが自動車や電化製品などの値上げに波及し、消費者の生活に影響を及ぼすことになる。

どこまでが実需を反映した動きか、どこからが投資マネーの影響か、区別したところで意味がない。市場でついた価格がすべての基準だ。

脱炭素に向かう怒濤《どとう》のような潮流は、ＥＶと再生可能エネルギー発電という比較的新しい産業の成長期待を高めた。ところが、支えているのは金属という古くからある産業だ。

新しい酒は新しい革袋に盛れ、という。古い革袋に盛ると、破けて酒も革袋もだめになってしまうからだ。ＥＶと再生可能エネルギー発電を新しい酒とすると、頼らざるを得ない金属は古い革袋だ。新しい酒も古い革袋もだめにならない知恵はあるのだろうか。

第4章
食料高騰のカオス

ロシアのウクライナ侵攻は、食糧価格にも大きな影響を与える。
世界各地で異常気象も続いており、先行きは不透明だ。
写真は映画のタイトルにもなったウクライナのひまわり畑。
ロシアの侵攻による混乱は深刻さを増す＝Solent News／アフロ

化石燃料や金属は、脱炭素の枠組みの中で需要と供給がバランスを崩し、価格が高騰した。では、穀物、肉類など食料の高騰はどういう仕組みなのだろうか。なぜ石油や金属と同じタイミングで上がるのだろうか。

1　肥料が危ない

進行する「アグリ・インフレ」

世界の食料価格の高騰が深刻化している。穀物や食肉などの国際価格を指数化した国連食糧農業機関（FAO）の食料価格指数は2021年、前の年に比べ20％超上昇、10年ぶりの高値を付けた。[1]「5年、10年の平均の水準まで戻ることはない」（オランダのラボバンク）との予想があるほど、持続的な上昇が見込まれる。そして、22年2月にはロシアによるウクライナ侵攻の影響もあり過去最高を更新、同年3月も植物油、穀物の高

図表4-1　FAOの食料価格指数

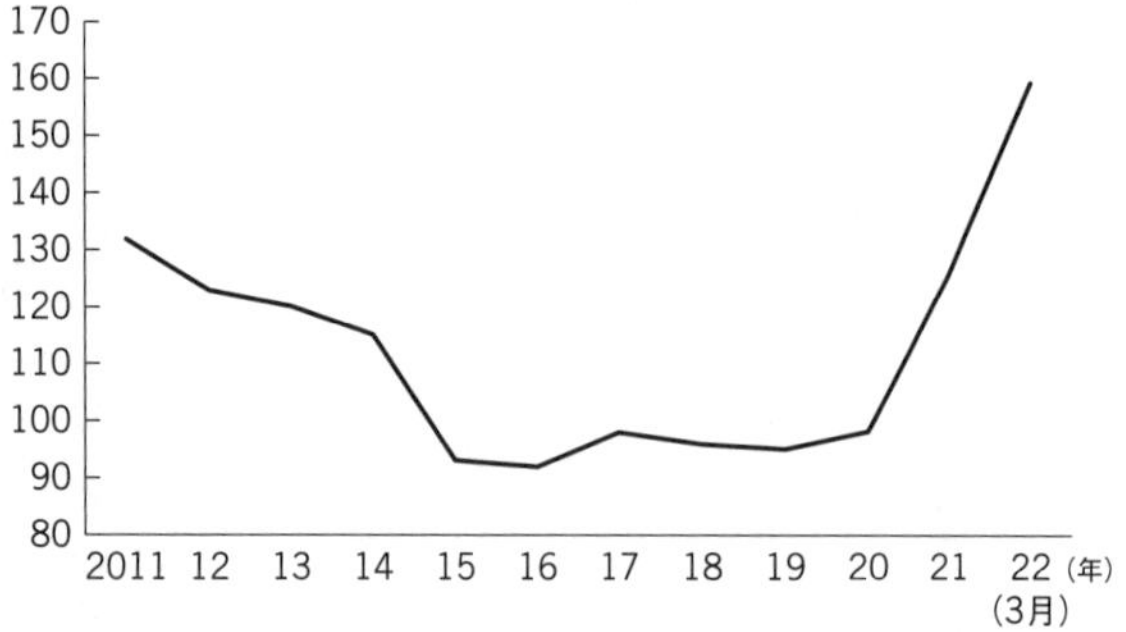

（出典）国連食糧農業機関

騰で高水準が続いた（図表4－1）。

先物市場では小麦、大豆、トウモロコシ、コーヒーが高値圏で推移。こうした農作物がそろって高騰し、物価を押し上げる現象は「アグリ・インフレ」とも呼ばれる。

起点になっているのは、これまで注目される機会の少なかった肥料だ。21年に米国で窒素、リン酸、カリウムの主要3肥料は小売価格が2～3倍に跳ね上がった。

肥料は穀物の生育に欠かせず、高騰によって農家のコスト負担が増え、穀物価格に跳ね返る。農家によっては作付けを減らさざるをえず、育てる作物の種類を変える必要も出てくる。

図表4-2　アグリ・インフレの仕組み

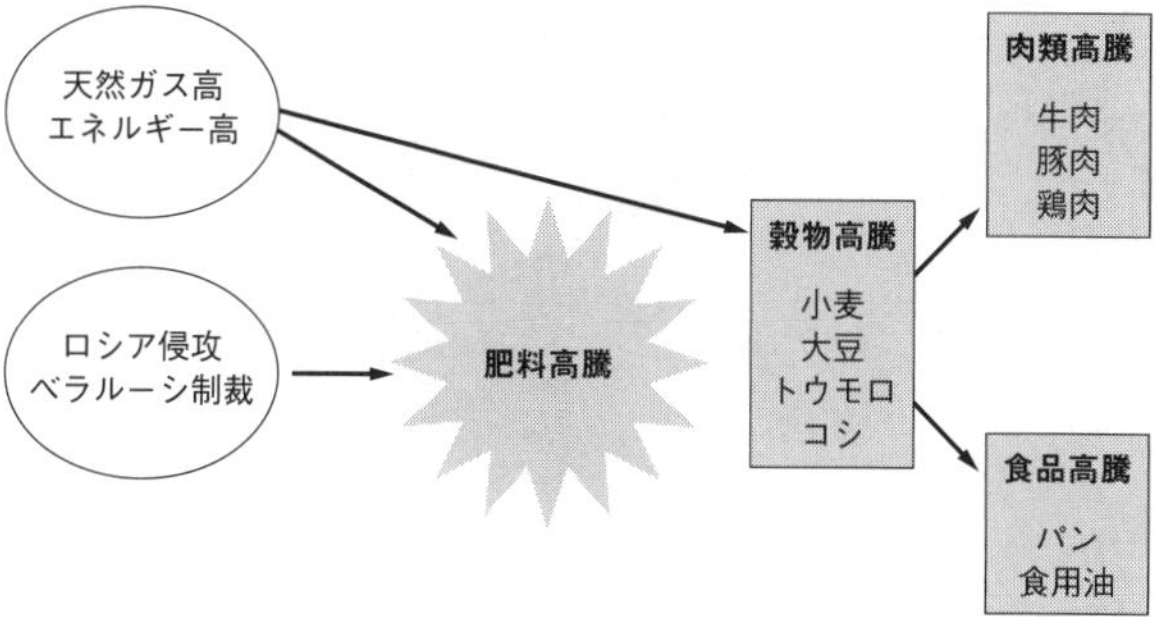

肥料の高騰はもとをたどると脱炭素の動きと1本の線でつながっている。脱炭素で化石燃料の供給が減って価格が高騰、肥料も影響を受けている。

欧州を中心に天然ガスが高騰し、窒素肥料の原料になるアンモニアが値上がりした。窒素とリン酸肥料の製造はとくに大量のエネルギーを使うので、電気料金の上昇も響く。主要生産国の1つ中国は、電力需要を抑えるためと、温暖化ガスの排出量を減らすため、肥料の生産と輸出を制限する措置を取った。

肥料を起点にドミノ倒しのように、アグリ・インフレが始まった。安価な肥料が手に入らないと農家の抱えるコストは上昇する。

図表4-3　カリウムの生産はロシア、ベラルーシが多い（2021年）

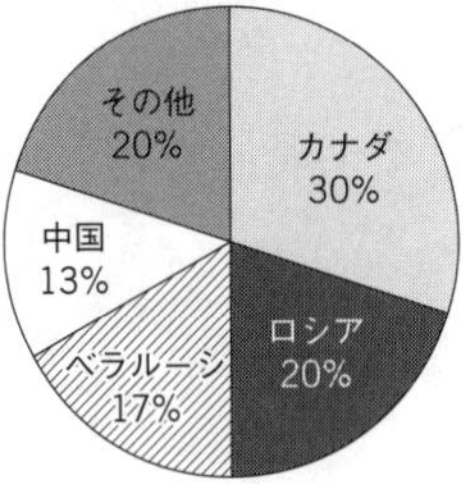

（出典）United States Geological Survey

小麦、大豆、トウモロコシが値上がりし、パンや植物油に波及する。そして、飼料の値上がりが牛肉や豚肉の高騰に連鎖する（図表４－２）。

途上国を直撃

肥料は金属と同様に、地政学リスクにもさらされている。ロシアのウクライナ侵攻前からこの傾向がはっきり表れた。

米国、欧州連合（ＥＵ）は21年12月、東欧のベラルーシに対し人権侵害を理由に、輸出停止を含む経済制裁を科した。ベラルーシは有数のカリウムの生産地だ。米地質調査所によると生産量はカナダ、ロシアに次ぐ3位、当然、輸出量も多い（図表４－３）。

国営のカリウム会社が欧米の制裁対象になり、世界の肥料会社は取引の見直しを迫られた。ノルウェーの肥料大手ヤラは経済制裁に対応し22年1月、「ベラルーシからのカリウム輸入を停止する」と発表した。[2]

リン酸肥料にも、経済安全保障が影を落とす。米国はモロッコとロシアに「リン酸肥料が国内産業に損害を与えた」として20年、相殺関税を課した。

ウクライナに侵攻したロシアも、カリウムの供給を左右する重要な国だ。天然ガスと同じで、世界の穀物の生育を左右する肥料でも、「元栓」を手にしている。

肥料の使用量と穀物の収穫量には明確な相関性があり、窒素、リン酸、カリウムの使用量が10％減ると穀物の収穫量は約8％減るという。[3]

肥料の高騰はとくに経済に占める一次産業の比率の高い途上国を直撃する。「アフリカ南部の国々は肥料の輸入依存度が最も高い」（国連食糧農業機関）とみられ、窒素肥料とリン酸肥料の7割を輸入に頼っている。今後、農作物の収穫量や価格に大きく跳ね返る可能性がある。

2 ロシア侵攻で高まる地政学リスク

気がかりな作付面積

農作物が地政学リスクに翻弄されやすいことを示したのが、ロシアによるウクライナ侵攻だった。侵攻の直後は農作物供給への影響が限定的だとしても、その後、作付けの状況が判明するにつれ、深刻さが増す可能性がある。

ロシアもウクライナも世界の小麦の主要産地。ウクライナでは主に、秋に種をまき翌年の夏に収穫する冬小麦を栽培している。ロシア侵攻が始まったころに出回っていたのは、2年前の秋に種をまき、1年前の夏に収穫を終えた分だ。それが年間生産量の9割に相当する。侵攻が始まった時、大半は収穫済みなので、直接の影響は限られた。侵攻後初めての夏に収穫する分は、前の年の秋に種まきを終えている。

大きく影響するのは黒海の混乱による物流の停滞だ。米農務省の22年3月時点の予想では輸出は当初予想より400万トン減る。[4]

一方、ロシアは冬小麦のほかに、春に種をまき、その年の秋に収穫する春小麦を生産している。こちらはロシアへの経済制裁が大きく影響し、米農務省は、輸出は当初予想より300万トン減ると予想する。もともとロシアは例年、春ごろ国内価格抑制のため輸出を制限している。

収穫期に顕在化する本当の影響

本当の問題は収穫期に顕在化する。農作物によっては、戦闘により春の作付面積が減少し、夏から秋の収穫期に大幅な減産が確認される可能性があるのだ。

米戦略国際問題研究所（ＣＳＩＳ）が22年3月にオンラインで開いた会議。ウクライナの農業政策・食料次官は現地の生々しい状況を伝えた。[5]

「農家は、必要な燃料の20％と40～65％の種子や肥料を確保している。だが、燃料がないから資材を使えない」

「農業従事者の10%が兵役についている」

「農地の10%が失われ、そこで作業ができない」

「農家は収穫済みの穀物を売ることができないし、次の種まきに向けて資金を確保することもできない」……。


ウクライナは、春からトウモロコシ、大豆、大麦の本格的な種まきシーズンを迎える。種まきが進まない状況のもとで、侵攻が長期化するほど、農家の避難や、爆撃による作付面積の減少で、収穫が打撃を受ける可能性が高くなる。

仏ケイロスは衛星画像の分析をもとに「22年のウクライナの小麦の収穫は前の年より35%減り、過去5年の平均より23%低い水準になる」と予想した。[6]

ウクライナはひまわり油の一大生産地でもある。ソフィア・ローレン主演の映画「ひまわり」は、第二次世界大戦で引き裂かれた夫婦の悲劇を描いた映画で、遠い地平線まで黄色に染める広大無辺なひまわり畑が印象的だ。ウクライナ南部とされるこの場所

図表4-4　コモディティーの価格上昇率
（2022年3月時点、前年12月比）

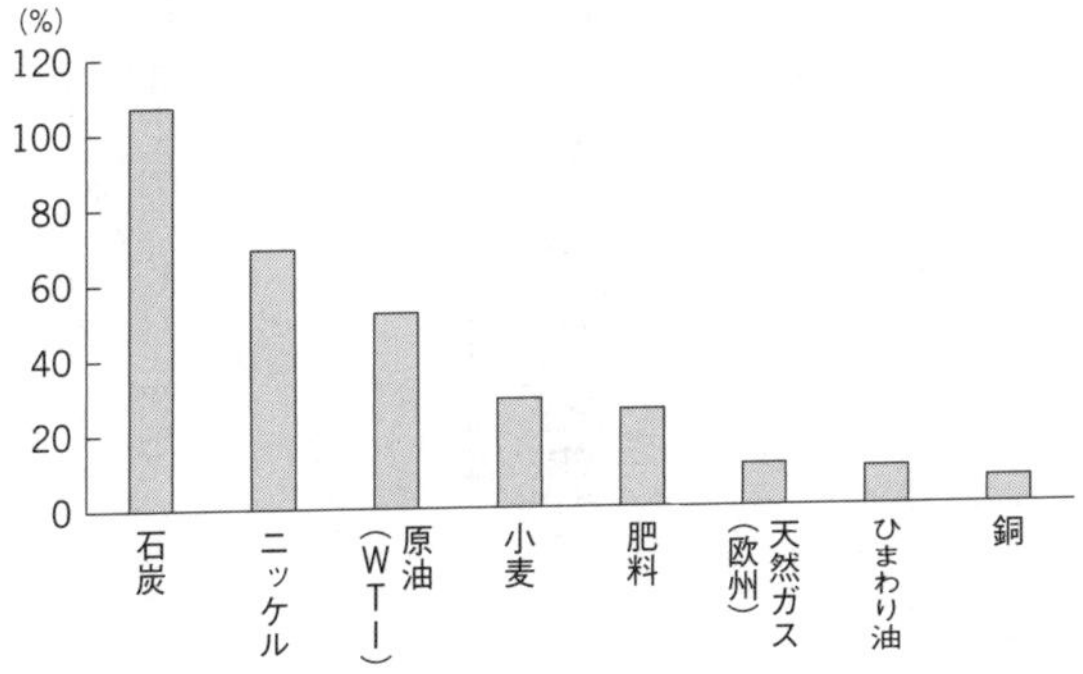

（出典）世界銀行のデータより作成

は、映画が公開された１９７０年も今も、ひまわりの有数の生産地だ。

例年なら4月は、ひまわり農家が作付けに忙しいシーズンだ。22年は戦闘のまっただ中で、農作業が難しく、農地も荒れている。秋に種を収穫しても、搾油する工場が正常に操業しているかどうか分からない。

ひまわり油は主にインドや中国に輸出する。海上輸送で向かうが、黒海の混乱により相当部分が止まり、輸入国が代替の植物油を探す。小麦や大豆など穀物の高騰と並んで、植物油も地政学リスクにさらされている。

仮にウクライナとロシアの穀物類の輸出

が途絶えた場合、世界の食糧供給は500兆カロリー以上失われることになるという。[7]約300兆カロリーがウクライナから、約200兆カロリーがロシアからで、このカロリーを世界で消費した場合、30日分以上の食料供給に相当する。しかし、実際には大部分が家畜の飼料やバイオ燃料として使用されるため、人間が消費できるカロリーは低くなるという。

3 深刻化する異常気象

気候変動が農作物を直撃

「異常気象がアフリカのマダガスカルと世界の人道危機を高めることになる」。22年2月、国連世界食糧計画（WFP）はこう警告した。[8]マダガスカルは度重なる熱帯低気圧に直撃され、収入源となる香辛料、コーヒーなど農作物が深刻な被害を受けた。地域に

米国では干ばつが広がっている＝AP／アフロ

よっては作物の90％が壊滅状態だという。ほかの地域でも同じことが起きても不思議はない。

米国では、当局などが発表する「干ばつモニター」によると、22年4月時点で「冬小麦の栽培地域の約7割が干ばつ状態にある」。南部はハリケーンの影響を受け、中西部の穀倉地帯はこのところ慢性的に雨が少ない。

米国には収穫の減った農家に対し補償する制度がある。米ワシントンにある環境ワーキンググループ（ＥＷＧ）によると、1995年から2020年までの間に、1430億ドル支払われ、そのうち約6割は干ばつや洪水など気候変動に関連するものだった[10]。農家が補償を期待し、干ばつへの対策を怠っているという指摘もあるが、ここ数年の増加傾向は、補償なしでは農業が成り立たないほど深刻な状態が近いことを示している。

トウモロコシの輸出量の多いアルゼンチンでも、農業地帯が熱波や小雨に見舞われ、ブラジルでも干ばつで大豆の収穫への影響が懸念される。

インドは22年、異常な熱波に襲われ、小麦生産への影響が懸念されることから、5月に突然、輸出停止を発表した。2月に過去最高の収穫量を予想したばかりだった。

投資マネーが高騰を加速させる

肥料不足と異常気象が実体面で農作物を高騰させる要因とすれば、投資マネーはそれを加速させる要因だ。20年秋ごろから先物市場で、供給の危うさを前に、ヘッジファンドなどの投資家がトウモロコシ先物を買い越す動きを強めた。

ロシアがウクライナに侵攻した直後、投資家は先物市場でトウモロコシに買いを集中させた。トウモロコシはガソリンに混合するエタノールの原料でもあり、脱炭素時代には需要が増えるとみられる。

天然資源の投資会社ゲーリング・アンド・ローゼンクワイフによると、途上国が豊かになるにつれてコモディティーの需要が増えるが、その傾向は農作物でとくに顕著だという。需要の拡大が予想される一方で、供給に制約がある状況では、価格は上がらざるを得ないとみる。そして「世界は農業危機の最初の局面に入った」と指摘する。[11]

バンク・オブ・アメリカ証券は、農産物価格の高騰が消費者物価に反映されるのは先進国が9〜11カ月後、新興国は2〜5カ月後で、農作物高騰の食品インフレへの波及が迫っているとしている。[12]

世界は、異常気象を解決するため、温暖化ガスの排出量削減を進めている。ところが化石燃料の消費削減は想定通りに進まない。脱炭素に欠かせない金属は不足し、ＥＶや再生可能エネルギーの利用拡大に逆風が吹く。そして、農作物は干ばつや洪水の被害が拡大する一方だ。

コモディティー価格が高騰しているのは、脱炭素がなかなか進まず資源の需給が手詰まり状態にあることを映す鏡でもある。

第5章

環境重視か
資源確保か

再生可能エネルギーを稼働させるにも
さまざまな資源が必要となり、
環境重視とのジレンマを抱えざるを得ない。
写真は風力発電設備に改修した17世紀の風車(フランス)
=Catherine BIBOLLET/TOP/アフロ

1　投資の変革とためらいと

資源会社が脱炭素に向かうなか、投資家も大きく変貌している。世界の投資家の間で、持続可能な社会を実現するための責任のある投資という考えが浸透してきた。温暖化ガス排出量の削減に積極的な企業、コンプライアンスを重視している企業、ガバナンスのしっかりした企業を選んで投資するのが当たり前という時代になった（図表５－１）。

ところが、資源が脱炭素の動きで需給逼迫に直面しているのと同様、投資家も理想と現実のはざまで揺れ、過渡期の模索が続いている。

グリーンボンドの発行増加

「サステイナブル（持続可能）投資」が全盛を迎えている。リターンを重視するだけで

図表5-1　持続可能投資は米国を中心に伸びている

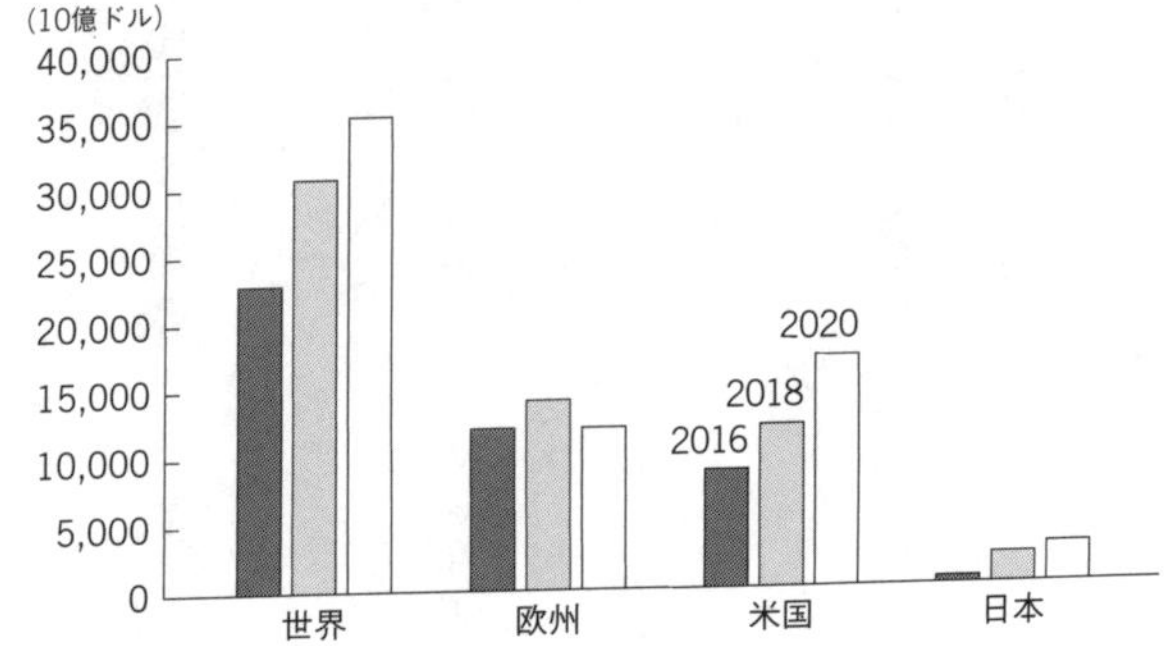

（出典）GLOBAL SUSTAINABLE INVESTMENT ALLIANCE

なく、地球環境にも配慮することを目指す投資だ。投資額は欧州が牽引する形で年々増え、世界で見ても右肩上がりだ（図表5－2）。

企業はこうした新しい投資マネーを積極的に取り込み始めた。環境に関連する事業に投資する資金の調達のため、世界の有力企業の間で、グリーンボンドという債券を発行する動きが盛んだ。ここ数年、発行企業の顔ぶれが多様化し、発行の方式も整備され、購入する投資家が増えたことで、市場は急速に膨らんでいる。

２０２１年の世界の発行額は５０００億ドルを超え、25年にはさらに膨らむ見込みだ。[1]

図表5-2　グリーンボンドは飛躍的な発行増が見込まれる

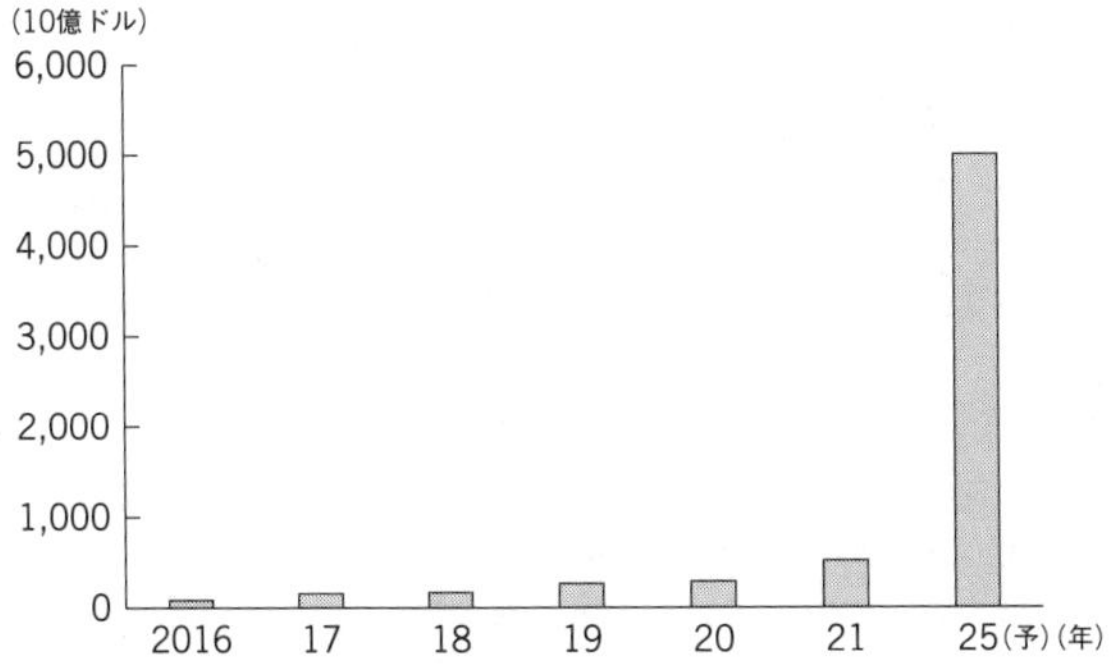

（出典）Climate Bonds Initiative

図表5-3　グリーンボンドの調達資金の使途

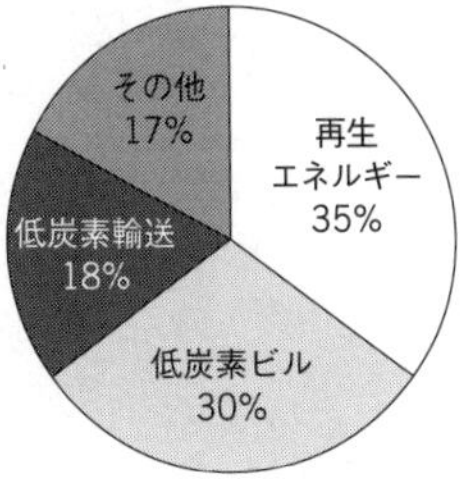

（出典）Climate Bonds Initiative

グリーンボンドは、今では普通の資金調達手段として定着した。最近では、米フォードモーターは21年11月、グリーンボンドを25億ドル起債、調達資金はＥＶ技術や充電インフラ改善に充てた。アップルは調達した47億ドルを１・２ギガワット分のクリーンパワー発電に充てた。

調達した資金は、再生可能エネルギー、排出量の少ないビルや輸送などに使われ、企業が脱炭素を進めるうえで強力なツールになっている（図表５－３）。

グリーンボンドを投資家は好感している。同じ時期に発行したほかの債券と比べ、グリーンボンドの価格は高く（利回りは低く）なる傾向がある。「グリーニアム」というプレミアムがつき、バンク・オブ・アメリカ証券によると、21年にこの値は平均で０・02～０・05％あったという[2]。

一般の債券に比べ市場は未整備だったが、20年から大きく進展した。ドイツ政府が発行した「twin bond」という新しいスキームがきっかけだ。ドイツ政府はグリーンボンドを直近発行のドイツ国債と同じ条件にすることで、比較の対象を作って「相場観」を持てるようにして、流動性の高いドイツ国債と同様に売買をしやすくした。

グリーンボンドは、一般の国債や社債に比べ、どれぐらい価値があるのかがつかみにくかったうえ、購入しても流通市場で売買しにくい流動性の低さに問題があったが、この点が改善された。グリーンボンド市場では、お金の出し手と受け手が車の両輪のように回転し始めた。

資金使途や効果に疑問も

歴史の浅いグリーンボンドには制度上、未整備な部分もある。例えば、企業が調達した資金を計画通り適正に使っているかどうか疑わしい事例も指摘されている。グリーン事業に使うと装って別の目的に使う「グリーンウオッシュ」という動きだ。

発行する債券がグリーンボンドと認められるには、業界が定めたルールに沿う必要がある。代表的なルールは、事実上の業界標準となっている国際資本市場協会（ICMA）の定めた「グリーンボンド原則（GBP）」だ。[3]

定義では、グリーンボンドは「調達資金の全てが、新規または既存の適格なグリーンプロジェクトの一部または全部の初期投資、またはリファイナンスのみに充当される」

債券としている。端的に言うとグリーン事業に投資する以外を認めていない。問題は、発行元が当初の目的通り資金を使っているかどうかを検証する手段がないことにある。とくにアジアではグリーンウオッシュが散見されるともいわれ、市場の不透明感を完全には払拭しにくいのが現状だ。

発行の歴史が浅いため、その効果もまだ定まっていない部分がある。「グリーンボンドの発行が、企業の温暖化ガス削減につながっていることを示す強い証拠はない」。国際決済銀行（ＢＩＳ）が20年9月に発表したリポートは、二酸化炭素（CO_2）排出量の観点から、グリーンボンドの有効性を痛烈に批判した。[4]

ＢＩＳはグリーンボンドを発行した企業について、実際の排出量をもとに調査した。その結果、発行する前と後で、排出量に大きな変化は見られなかったという。

考えられる原因として、ある企業がグリーンボンドで調達した資金を環境関連プロジェクトに投資し、排出量を減らしたとしても、その企業の別のプロジェクトで排出量が増えれば相殺されてしまうことにある。つまり、企業全体でみると排出量は減少していないことになる。

ＢＩＳの指摘は核心を突いている。電力会社が風力発電に参入する目的でグリーンボンドを発行し、一方で石炭発電をそのまま続けた場合、グリーンボンド発行の部分ばかりが注目され、環境先進企業と受け止められやすいが、実際の排出量は大きく減っていないことが忘れられている。

その結果、本当に効果があるかどうかは二の次で、とりあえず発行を優先させ、見かけの評価だけを得ようとする企業が出てくる余地がある。ＢＩＳは投資家に正しい情報を提供するため、企業全体の排出量を捉える仕組みが必要だとしている。

2 ダイベストメント礼賛論の死角

相次ぐ投資対象外の宣告

サステイナブル投資と並んで、ここ1、2年、投資家の間に急速に広がっているのが

図表5-4　ダイベストメントをした投資家

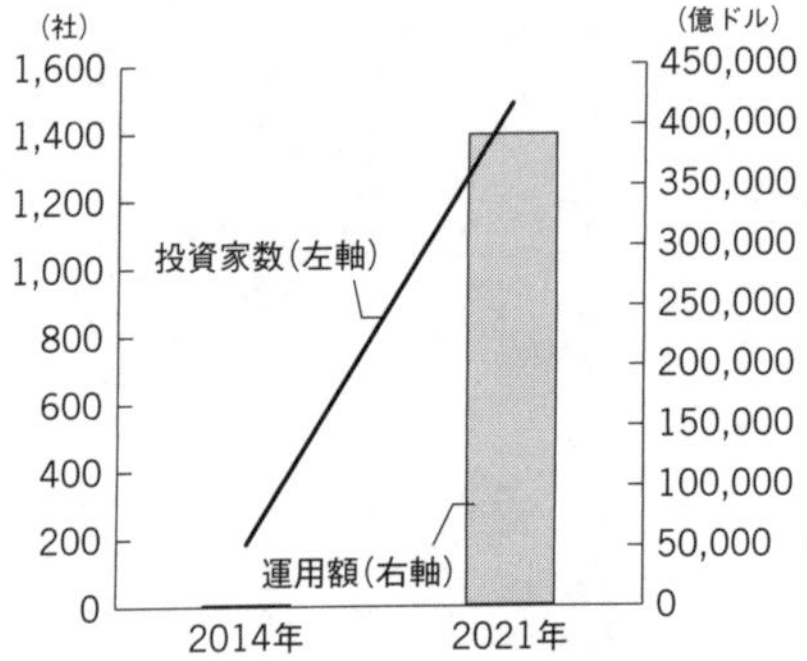

(出典) Global Fossil Fuel Divestment Commitments Database

「ダイベストメント」だ(図表5－4)。株式や債券に投資する際、基準に合わない特定の企業を対象から除外する。温暖化ガス排出量の多い石炭、石油関連の企業への投資をやめれば、企業に圧力をかけることができ、最終的に化石燃料の生産や消費を減らすことにつながるという考え方だ。14年に比べ21年は導入した投資家数も運用額も飛躍的に伸びた。

世界最大級の公的年金であるノルウェーの政府年金基金(GPFG)は、ダイベストメントを実施する投資家の代表格とされる。

例えば、20年5月、カナダのオイルサンド企業、サンコールエナジーやカナディアン・ナチュラル・リソーシズ、インペリアル・オイルなど4社を投資対象から外すと発表した。[5]
オイルサンド事業は地下に埋蔵されているタール状の塊を掘り起こすか、蒸気で溶かして取り出し、原油を精製する。オイルサンドの埋蔵量の多いカナダは世界４位の産油国になったが、半面、温暖化ガス排出量が多く、常に環境保護団体などから批判の的になっていた。
オイルサンド産業を代弁するカナディアン・エナジー・センター（ＣＥＣ）によると、ＧＰＦＧは４社の株式に投資していた。
ダイベストメント発表を受け、ＣＥＣは直ちに「温暖化ガス排出に対する懸念は誤解だ。この10年で20％減って、今後10年でさらに20％減らし米石油産業の平均値に近づく」と反論した。[6]
ダイベストメントを導入する投資家は突然のように企業名を挙げ投資撤退を宣告する。企業側はその動きに神経をとがらせる。社会や市場から環境対策に後ろ向きとの評価を受けやすくなるうえ、保有する株式や社債の売却が続けば将来的に資金調達コストにも跳ね返るからだ。

「エンゲージメント」の方法も株主利益を前面に

ダイベストメントはいわば投資家が玄関の外に出て家に向かって環境対策を訴えるのに対し、家の中から企業に改革を訴える投資家もいる。積極的に株主提案をして、ほかの株主とも連携しながら改革の実現を目指す「エンゲージメント」と呼ばれる方法だ。最近の典型例が、21年に大きな話題になった米石油大手エクソンモービルの株主だ。ヘッジファンドのエンジン・ナンバーワンが気候変動対応を求め、株主総会を経て3人の取締役を送り込んだ。

保有株式数の少ない株主が、企業に対し「もっと環境への配慮を」と提案しても、そのまま通ることは少ない。その点、エンジン・ナンバーワンは「環境のため」を前面に出す環境アクティビストとは一線を画す巧みな戦略だった。

エンジン・ナンバーワンがエクソン幹部に宛てた手紙の中で、エクソンは①株主還元が少ない②石油開発の資本効率が悪い③負債が膨らんでいる——と経営の課題を指摘し、効率改善を呼びかけた。[7]

なぜエクソンは石油の開発投資を減らす必要があるか――。エンジン・ナンバーワンは環境に悪いからとは言っていない。石油需要の不確実性が高いとき、コスト高の油田開発投資は株主の利益になるのかと問いかけた。

なぜ再生可能エネルギーに取り組むべきか――。石油の温暖化ガス排出量が多いからとは言っていない。エネルギー源の転換が起きるとき、手元に戦略カードがないと市場から評価されないと忠告した。

エンジン・ナンバーワンの姿勢から見えるのは「株主のため」という意識だ。カーボンゼロ時代を踏まえ、株主利益を最大化するためには、資本をどう配分すべきかと問いかけた。既存の事業は脱炭素で収益機会が減るリスクがあるから、早く軸足を移さないと競争力を失うという指摘だ。

広がるアクティビストの活動

こうした積極的に会社に働きかける投資家の活動も目立ち始めた。法律事務所のサリヴァン・アンド・クロムウェルのリポートによると、アクティビストの活動は21年の株

図表5-5　アクティビストが米企業で獲得した取締役数

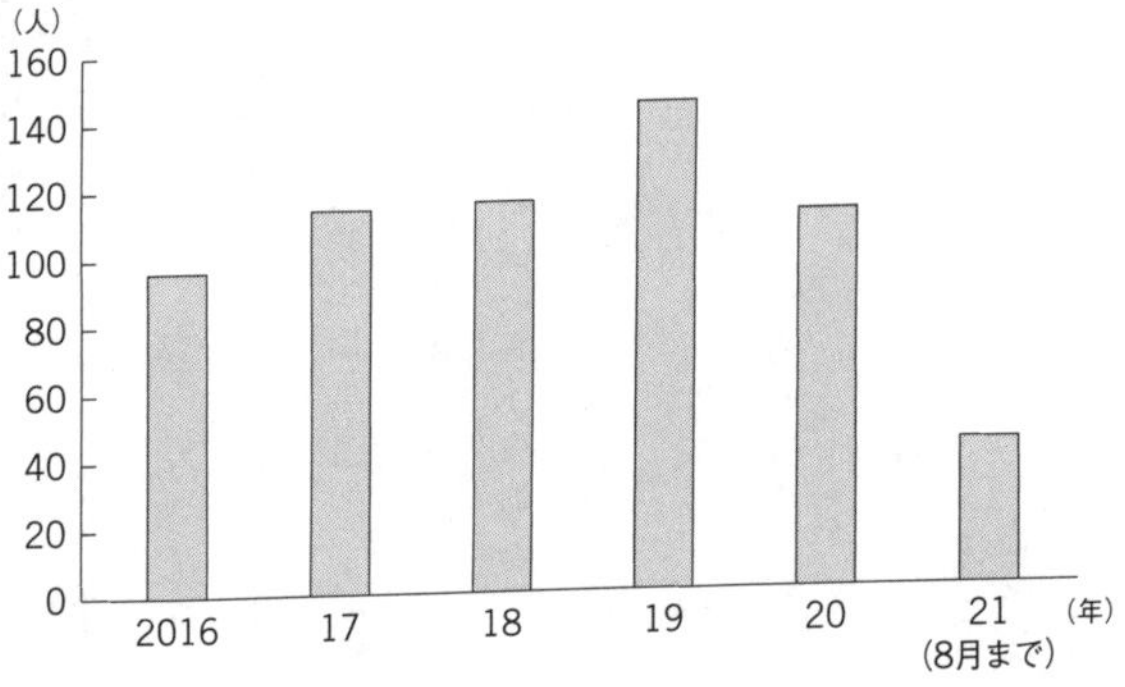

（出典）Sullivan & Cromwell

主総会シーズンに、前年比で28%増え、コロナ禍からの回復が顕著になった（図表5－5）。なかでもエンジン・ナンバーワンがエクソンモービルでなし遂げたことは「ESGに特化した株主活動の新しい波」になったという。[8]

　株式を先に売っておく空売りを仕掛ける戦略のアクティビストが増えたため、取締役の選任に成功した例は減ったが、そうした中で、エンジン・ナンバーワンの取り組みは目を引く。

　環境派の株主はほかにも化石燃料企業に様々な圧力をかけている。グリーン・センチュリー・キャピタル・マネジメントは21

年12月、保険会社チャブ、トラベラーズ、ハートフォードに対し、「保険の引き受けが、新たな化石燃料の供給を助けないよう保証するための方針を採用する」ことについて、株主総会決議を求めた。50年までに温暖化ガス排出量を実質ゼロにする国際エネルギー機関のシナリオに沿う形での実現を要求した。そして、22年3月、米証券取引委員会（SEC）から株主総会の決議にかけることが認められた[9]。

アクティビストは、大きな経営方針や役員の選任といった問題だけでなく、企業が行う日常的な業務についても環境対策を求め始めている。

3　試行錯誤、見えない正解

ESG投資に賛否両論

サステイナブル投資、ダイベストメント、エンゲージメントなど投資の新しい潮流はまだ試行錯誤の状態にある。どれがベストかについて答えは出ていないようにみえる。投資の世界には、そもそもESGを基準にした投資には冷ややかな見方もある。

米著名投資家のウォーレン・バフェット氏はその代表だ。投資家はリターンを最優先すべきで、投資を通じて社会に影響を与えるのが目的ではないとの立場。

例えば、日本の商社やカナダの金鉱山会社について、ESGを重視する欧州の一部年金基金はダイベストメントのリストに載せ、投資対象から外しているが、バフェット氏率いるバークシャー・ハザウェイは投資している。

22年3月には米オクシデンタル石油株を買い増し、それ以前には米石油シェブロン株を買い増している。オクシデンタルの株価は1年で約2倍、シェブロン株は約6割上昇しており、原油高を受け石油株の先高観が強い中で、投資家として買いの判断をしたとみられる。

投資のリターンを重視する立場からすれば、環境基準を軸に企業を除外することは、分散投資の理にかなっていない。ESG投資が猛スピードで進む中で、今後、立ち止まって考え直そうという機運が強まる可能性がある。

22年5月、サウジアラビアの国営石油会社アラムコの時価総額が、米アップルを抜いて世界一になった。米国市場でハイテク株が下落基調にあるのに対し、原油価格の高騰を受け石油株は上昇していた。ダイベストメントの全盛期を迎えても、世界の投資家は先高観の強い石油株を敬遠していないのが現実だ。

石油株の熱い高騰を横目に見ながら、運用会社が「環境を重視するから」という理由で先高期待の低い株に投資したら、その行動は称賛されるだろうか。

ＥＳＧ投資の方針を堅持する投資家の場合、それによってリターンが低くなるリスクを前提に受託しているなら許されるだろう。ＥＳＧ投資を推進する立場からは高く評価される。

ところが、個人年金を運用する会社の場合は、運用パフォーマンスが低下すると、個人が受け取る年金額に跳ね返ることになる。実際、老後の資金が減ることへの警戒から、運用会社のＥＳＧ投資の方針に反対の声も上がった。

ＥＳＧ投資にはパラドクスもある。株主が資源会社に対して増産をやめるよう圧力をかけると、会社は投資を減らし手元のキャッシュを株主還元に回すようになる。つまり、株主はＥＳＧを重視するほど、多くの配当を手にすることになる。なかには「環境のため」という大義を掲げて、本当の狙いは配当の増額という投資家がいても不思議ではない。

世界が環境重視か、資源確保かで揺れるなか、投資家は環境重視か、リターン重視かで揺れている。

気がかりなＥＳＧ評価の「ぶれ」

環境分野以外でも、ＥＳＧ投資に懐疑的な見方もある。企業を選別する基準が曖昧なことが問題視されている。

世界の投資家と非政府組織（ＮＧＯ）が企業の人権への取り組みを格付けする「企業人権ベンチマーク（ＣＨＲＢ）」は18年と19年、高格付けの2位に英豪資源大手リオティントを選んだ。人権への取り組みを高く評価してのことだ。ところが、その後、オーストラリアの鉱山でリオティントが先住民の遺跡を破壊していたことが判明した[10]。

人権を専門にした評価機関ですら、企業の体制や考え方の詳細を把握し、行動を予測しながら評価することは難しい。まして必ずしも専門家ばかりではない投資家が、少ない情報で的確にＥＳＧ銘柄を選択できるだろうか、という問題が浮上した。

投資家は銘柄を選ぶとき、ＥＳＧ評価会社のスコアを参考にすることが多い。世界には評価会社が10社以上ある。ところが、ＥＳＧスコアは各社ごとに値がまちまちだ。

評価会社が環境面の採点をする際、ある会社が温暖化ガスの排出量の数値を使い、ほかの会社が水質汚染の数値を重視すると、結果は全く異なることになる。さらに環境、社会、ガバナンスをまとめてスコア化すると、妙な結果にもなる。

例えば、排出量が多くＥスコアがマイナス10点の会社が、地域に多額の寄付をするなど社会貢献活動を熱心に行いＳスコアがプラス20点、ガバナンス体制がしっかりしていてＧスコアがプラス20点とする。得点を総合するとプラス30点になり、環境面のマイナス点は相殺され、ＥＳＧ評価の高い会社という位置づけになる。

実際、世界のＥＳＧファンドと呼ばれる投資信託の組み入れ銘柄をみると、かなりの割合で化石燃料の会社が入っている。

米マサチューセッツ工科大学（ＭＩＴ）のチームによると、ＥＳＧ評価会社間のスコアの「ぶれ」は債券格付けに比べはるかに大きい[11]。債券格付けのようにある程度共通するデータをもとに判断するのとは違い、ESG評価は使うデータがまちまちで、しかも、SやGのように数値化の難しいものもある。経済協力開発機構（OECD）の報告では、E（環境）スコアが高いほど二酸化炭素の排出量が多いという皮肉な例もある。

ダイベストメントに反省の機運

投資家のダイベストメントに、米国で21年末頃から風当たりが強くなった。資源価格が高騰する中で、化石燃料が主要な産業で、雇用を生んできた地域から、ダイベストメントは受け入れられないという声が上がり始めた。

産業革命を後押しした石炭の産地でもある米ウエストバージニア州。州の資金を取引する相手先から、ダイベストメントを採用したブラックロックを除外すると発表した[12]。「企業に石炭、石油、天然ガス産業に害を及ぼす『ネットゼロ』戦略を採用するよう促した」というのが主な理由。

エネルギー産業が盛んなテキサス州も同様の動きだ（図表5－6）。エネルギー企業

図表5-6　テキサス州の原油生産量

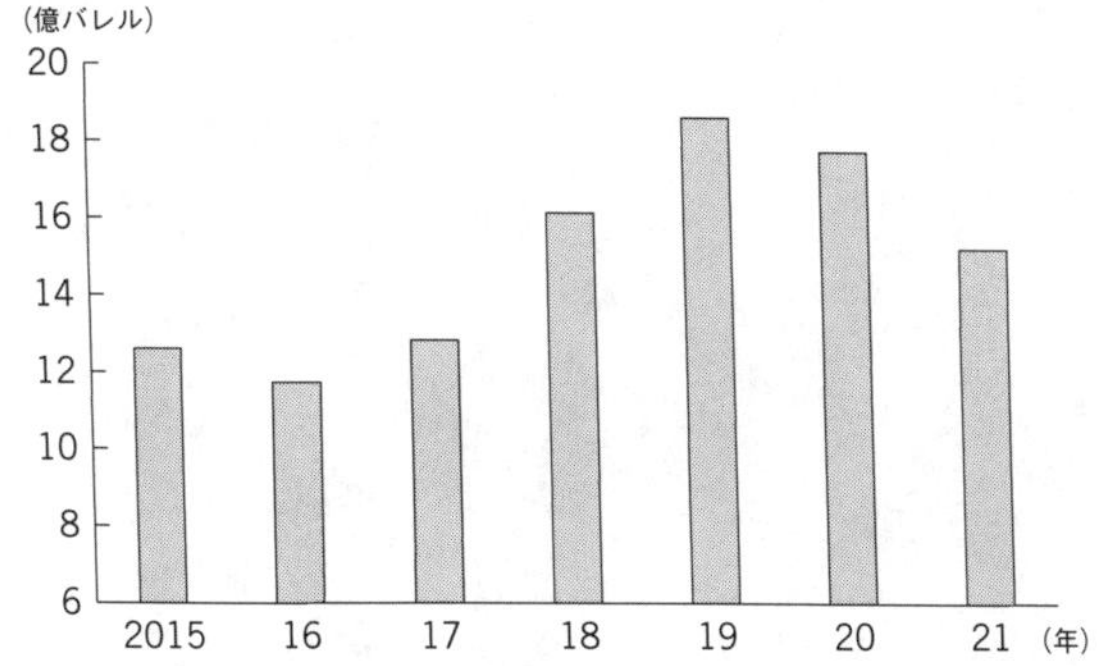

（出典）テキサス州

をボイコットする企業との契約や投資に関連する新法を成立させた。州副知事は石油・ガス産業をボイコットしている企業リストの最上位に、ブラックロックを載せることを指示した。[13]

「（新法を可決した際）テキサス州の市民は、石油・ガス産業とそれに依存する何百万人もの市民に背を向ける金融機関を容認しないことを明確にした。石油・ガス産業を守るために一歩も引かず、テキサスが石油・ガスで全米一の州になるよう尽力する」と述べた。

テキサス州の考え方はこうだ。法で決められた以上の環境基準を満たす約束をすること

テキサス州は石油開発が盛んだ＝AP／アフロ

や、誓約することを求め、それをしないために関係を制限した企業は、「ボイコット」しているとみなす。環境目標の「ネットゼロ」は、法が決める環境基準以上である。従って、ブラックロックが「ネットゼロ」目標を満たすと約束しているかどうかで、投資先を判断することは、化石燃料企業をボイコットしていることになる――。

　ブラックロックのダイベストメント宣言は20年のことだった。ラリー・フィンク最高経営責任者（CEO）が企業に宛てた書簡で明らかにした。[14] 書簡では20年半ばまでに、石炭関連会社について、売上高の25%以上を石炭から得ている会社への投資をやめると明言した。投資業界では画期的な判断と受け止められた。米国の有力運用会社がダイベストメントを宣言したことで、追随する動きが広がるとみられ、実際、それ以降、年金基金や証券会社などが相次ぎ導入した。

ところが、ウエストバージニア州やテキサス州などの批判を受けてか、22年のフィンクCEOの書簡は大きく姿勢が変化したと受け止められている。「ブラックロックは政策として石油・ガス会社からのダイベストメントを追求することはない」と宣言した。[15]「セクター全体からのダイベストメントをしても、炭素集約型企業を公開市場から非上場市場に移しても世界をネットゼロには導かない」として、「幅広い炭素集約型分野で先見性ある企業が事業を変革しており、その行動は脱炭素化にとって重要な要素だ。このような変革をリードする企業は重要な投資機会であり、資本を誘導することがネットゼロ実現に不可欠であると信じる」とした。

化石燃料への投資から全面的に撤退するのではなく、変革する企業には投資を通じて応援するという。先頭を走ってきた運用会社の姿勢の変化は、ダイベストメントがまだ過渡期にあることをうかがわせた。

市場では、ダイベストメントを掲げる運用会社は本当に化石燃料株を対象外にしているのか、という疑問の声も上がる。欧米の投資商品の運用成績上位をみると、化石燃料株に投資した投資信託が登場している。しかも、ダイベストメントを打ち出したはずの運用会社が運用している。どういうわけなのか。

ダイベストメントを打ち出した会社は、自社の運用資金については化石燃料株を対象外にしていることが多い。つまり、顧客の資金を運用する際は違うルールで動いている可能性がある。こうした運用について、「二枚舌だ」と厳しい批判も起きている。

ダイベストメントの効果に疑問の声も

21年11月に英グラスゴーで開いた第26回国連気候変動枠組条約締約国会議(COP26)は、石炭の段階的な削減などを盛り込んだ文書を採択した。石炭産業には厳しい逆風になると予想された。ところが、会議終了後も、世界の主要石炭企業の株価を見る限り、大きな変化はなかった。

脱炭素の理想に向かおうとしても現実がなかなか追いつかないことに、市場が気づいたせいではないだろうか。米国の石炭会社は次の年の採掘分まで顧客から予約が入るほど業績は好調なのだ。

石炭企業は、有力投資家のダイベストメントの最大のターゲットとされてきたが、掛け声の大きさの割に十分に成果を上げているかどうか、疑わしいとの声が上がっている。

石炭をはじめ化石燃料企業の株主構成を見ると、あることに気づかされる。ダイベストメントを推進する投資家は確かに株主から消えた。しかし、その後の株主にヘッジファンドなどが入っていることが多い。

こうしたヘッジファンドは往々にして、投資家が最近、積極的に取り組むESG重視の運用方針と一線を画している。全体で見れば、ダイベストメントの結果、石炭企業では、環境優先度の高い投資家から優先度の低い投資家へ、株主がバトンタッチしているだけの可能性がある。

世界の投資家も、本音ではダイベストメントの限界に気づき始めている。RBCグローバル・アセット・マネジメントの21年の調査では、世界の投資家で環境対策にダイベストメントが効果的と回答したのはわずか10%。これに対し、株主提案などで株主が権利行使する「エンゲージメント」が効果的との回答は45%だった。[16]

エンゲージメントを後押しする制度の整備も進んでいる。SECは21年11月、株主提案に関する新しいガイドラインを示した。温暖化ガスの削減目標など、社会的影響が大きい案件とSECが判断すれば、株主総会の議決にかけられるようになった。[17]バイデン政権になり環境問題への姿勢が変化したことが方針転換につながったようだ。

一時期勢いのあったダイベストメントは、このところやや後退気味だ。投資家が選ぶのはダイベストメントか、エンゲージメントかの模索が続いている。

4 環境重視の政府、企業に試練の時

再生可能エネルギーに逆風

政府も企業も試行錯誤している。22年2月のロシアによるウクライナ侵攻は、世界に環境と資源について難問を突きつけた。欧州が先頭に立って環境対策を進めるさなか、資源の供給不足が深刻化し、減らすはずだった化石燃料の確保を急がざるを得なくなった。

ロシアからの天然ガスの輸入を減らすため、欧州は22年3月、ＬＮＧの輸入を増やすことと、再生可能エネルギーへのシフトを加速することを決めた。このうち、再生可能エネルギーを増やすことはなかなか難しい。

石油、天然ガス、石炭などの価格が上がった場合、通常は相対的に風力、太陽光など再生可能エネルギーの競争力が増すと考える。そして、再生可能エネルギーの方が化石燃料より利益が出るビジネスになると考えるが、現実にはそうならない。

「風力発電も太陽光発電も、エネルギーが最大のコスト要因であることを無視している。エネルギー価格の上昇は再生可能エネルギーのコスト競争力を高めるどころかコストを押し上げるだけだ」という見方もある。[18]

例えば、金属の精錬は大量のエネルギーを使い、エネルギー価格が上昇すればコスト高につながる。再生可能エネルギー発電はその金属を大量に使うから、風力や太陽光発電のコストも上がる。結果的に価格競争力が増すことは難しい。

実際、コスト高が再生可能エネルギーの普及に影響し始めている。「22年に完成予定だった太陽光発電事業の13％が、1年以上遅れるか、全面的にキャンセルされた」。米太陽エネルギー産業協会（ＳＥＩＡ）と資源コンサルタント会社ウッドマッケンジーは米国の現実をこう指摘する。[19] 金属や太陽光パネルなどが軒並み高騰し、計画通りに事業が進まないのだ（図表５－７）。

Ｓ＆Ｐグローバル・レーティングは「インフレと利上げが米国の電力会社の信用力の

図表5-7 ロシア侵攻とエネルギーのジレンマ

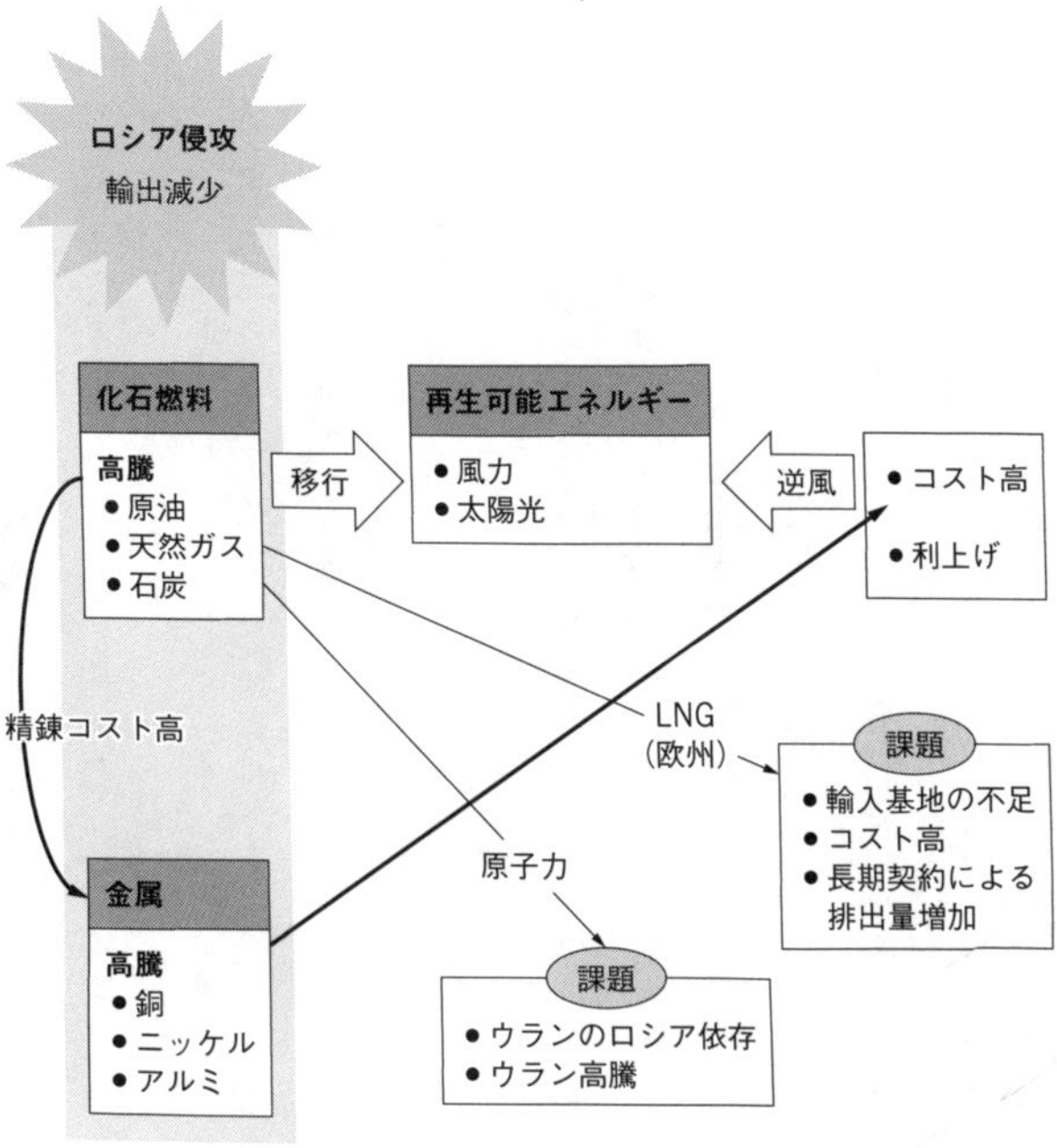

弱体化につながる」とみる。利上げで変動利付債を発行している電力会社の負担が増し、再生エネを含む投資計画に影響が出かねない。インフレと利上げは欧州の電力会社も同じ状況にある。

電力会社は脱炭素を進め、再生可能エネルギーに移行する必要性は分かっていても、コストの問題が解決しない限り簡単には進めない。

中国リスクも逆風に

太陽光発電には地政学リスクの問題もある。米商務省は22年3月、カンボジア、マレーシア、タイ、ベトナムの4カ国から輸入している太陽光パネルにダンピングの があるとして、調査を始めると発表した。中国企業が安価な部品を使い、これ の4カ国かで製造したうえで米国に輸出している可能性があるという。

これは米国の太陽光発電の普及に大きな打撃になるとみられてい らのパネルの輸入は全体の8割を超え、仮に制裁が科せられる 金属価格の高騰と重なって、発電業者のコストが膨らむためだ。ライスタッド・エナジーは「22年に増やす

米国で太陽光発電はコスト高に見舞われている＝ロイター／アフロ

計画の太陽光発電の容量の64％があやしくなる」とみる[20]。

鉱物の輸入の多くを中国に依存し、ＥＶ生産が中国との経済摩擦に左右されるのと同様に、太陽光発電も中国要因が大きく影響する。

再生可能エネルギー発電のコスト上昇は現実に起きている。米レベルテン・エナジーは北米では再生可能エネルギーの発電価格は１年間で約30％上昇したと指摘する[21]。

レベルテンが57社を対象に行った調査では28％がサプライチェーンを変更したくてもできなかったと回答。そして、「北米の再生可能エネルギー企業は開発状況が極めて厳しく、需要に追いつくだけの速さで太陽光発電や風力発電のプロジェクトを建設するのに苦労している」とみている。その結果、新しいクリーンエネルギー・プロジェクトの稼働が遅れ、ネットゼロ目標を達成するために不可欠な企業との電力購入契約が滞っているという。

5 資源ビジネスに変革の足音

グリーン水素への期待

新しいエネルギー源として、世界で注目を集めるのが水素だ。ＥＶと並び、水素を使う燃料電池車の普及も脱炭素戦略で重要な位置を占める。ロシアによるウクライナ侵攻で、ロシア産天然ガスへの依存度を下げる必要に迫られるなか、代替エネルギー源として期待が高まっている。

図表5-8　グリーン水素の仕組み

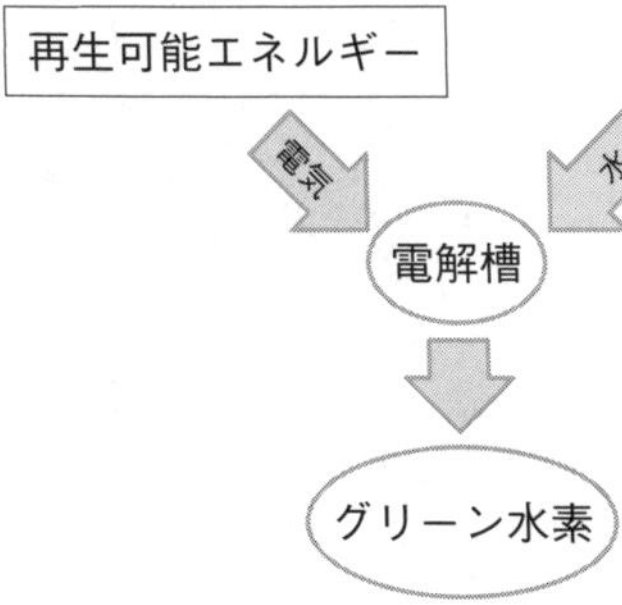

水素の中でも、風力や太陽光など再生可能エネルギーで発電した電力を使い、水を電気分解して生成する「グリーン水素」[illegible]る（図表５－８）。コロンビアに期待されているエネルギー政策センターは「輸送[illegible]ーバル・で、排出量の多いエネルギーに取って代[illegible]野性がある」とみる[22]。

水素の分野は欧州が先行している。20年７月、欧州連合（ＥＵ）の欧州委員会が公表した「ＥＵ水素戦略」が弾みを付けた[23]。グリーン水素の生産目標を定め、投資を呼び込むための「欧州クリーン水素アライアンス」を設置した。

水素にはグリーン水素のほか、石炭から生成する「ブラウン水素」、天然ガスから作る「グレー水素」とその過程で出る二酸化炭素（CO_2）を地中に貯留する「ブルー水素」もある。

グリーン水素は水の電気分解で作るため排出量の少なさが特徴で、水素協議会によると、世界で現在計画される大型の水素生成プロジェクトの多くはグリーン水素関連という。

21年からの天然ガス高騰でグレー水素の価格も高騰しているのに対し、グリーン水素は比較的落ち着いた値動きで推移しており、価格面のハンディを乗り越えつつある。「24年には、欧州に輸入されるグリーン水素は、欧州で製造されるあらゆる種類の水素より安くなる」。米ロッキーマウンテン研究所はこんな見通しを示した。[24] 輸入グリーン水素は24年にキロあたり3・75ドル、30年に2ドルに下がると予想。欧州の天然ガら製造するグレー水素は現在の6・5ドルから24年に5ドルに下がり、ブル年に4・6ドル、30年に2・5ドルになるが、いずれも輸入ブルー水素置き換えることで、ロシアの天然ガスに対する依存を打破することができ」とみている。その結果、30年までに天然ガス需要を76%削減することができるという。

「輸入したグリーン水素をエネルギー集約型産業に導入し、グレー

図表5-9　CCSの仕組み

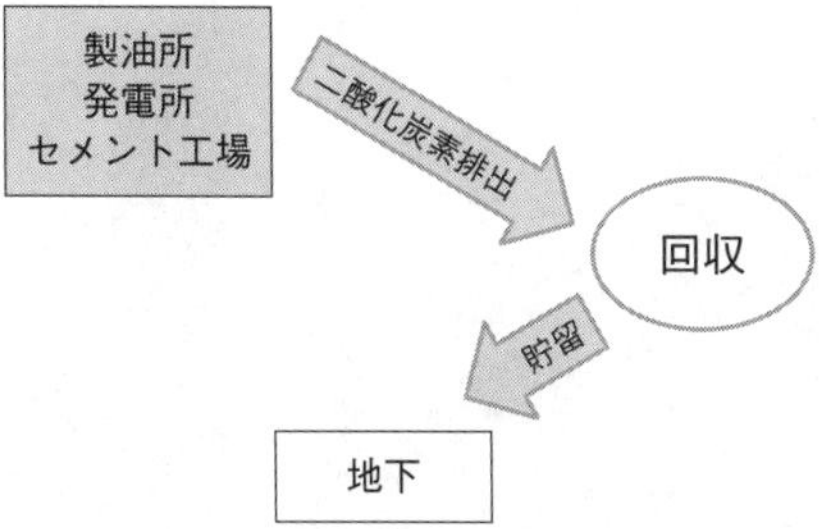

CO_2貯留の可能性

空気中の二酸化炭素や、発電所やセメント工場が排出する二酸化炭素を回収して地下に貯留する「ＣＣＳ」（Carbon Capture and Storage）も脚光を集めている（図表５－９）。

米エネルギー省は22年5月、「23億ドルをＣＣＳ技術に投資する」と発表、国を挙げて取り組む決意を示した[25]。

「史上最高レベルの二酸化炭素排出量が観測され、今すぐ行動しなければ気候変動に対する努力は無意味なものになってしまう」と背景を説明。空気中から直接、二酸化炭素を直接回収する分と、工場などから排出する二酸化炭素を回収する分を合わせて削減効果は

脚光を集めるCCSの施設（テキサス）＝ロイター／アフロ

相当大きいとみている。

すでに大手石油会社は取り組みを始めている。米エクソンモービルは22年3月、テキサス州の複合施設に、操業や地域産業の排出量削減のため、ブルー水素の製造とCCSの計画を発表。複合施設のスコープ1、スコープ2の二酸化炭素排出量を最大30％削減するとしている。[26]

エクソンモービルがにらむのはCCS市場の巨大化だ。「市場規模は2050年に最大4兆ドルになる」。22年4月の説明会でこんな見通しを示した。[27] 50年の原油・ガスの市場規模は最大6・5兆ドルとみており、CCSはその6割に当たる水準だ。しかも、ＣＣＳ、水素、バイオ燃料を合わせた市場規模は、40年代に原油・ガス（化学を除く）を逆転するとみている。この見通しに立てば、石油会…原油ビジネスに取り組むより、ＣＣＳ事業に取り組む方が成長の余地が大きいことに…

それほど期待を寄せるＣＣＳに、米シェブロンもオーストラリ…ゴンＬＮＧプロジェクトで取り組むほか、米オクシデンタル石油も大型プロジェ…

石油会社は、石油ビジネスが脱炭素時代に限界を迎えると予想してい…採掘や精製の過程で排出する二酸化炭素を回収することで、温暖化ガス削…いる。を目指している。さらに、技術を外販することによる収益化も狙っている。

ＣＣＳへの期待と批判と

では、ＣＣＳは二酸化炭素回収にどれほど効果があるのだろうか。ライスタッド・エナジーは炭素回収、貯留に利用も含めた「ＣＣＵＳ」が30年までに現在の10倍以上の年5億5000万トン以上の削減が可能とみている。21年はプロジェクトの発表が相次ぎ、現在稼働している分の3倍の200以上の開発を見込んでいる[28]（図表5－10）。

図表5-10　開発中のCCS設備の容量

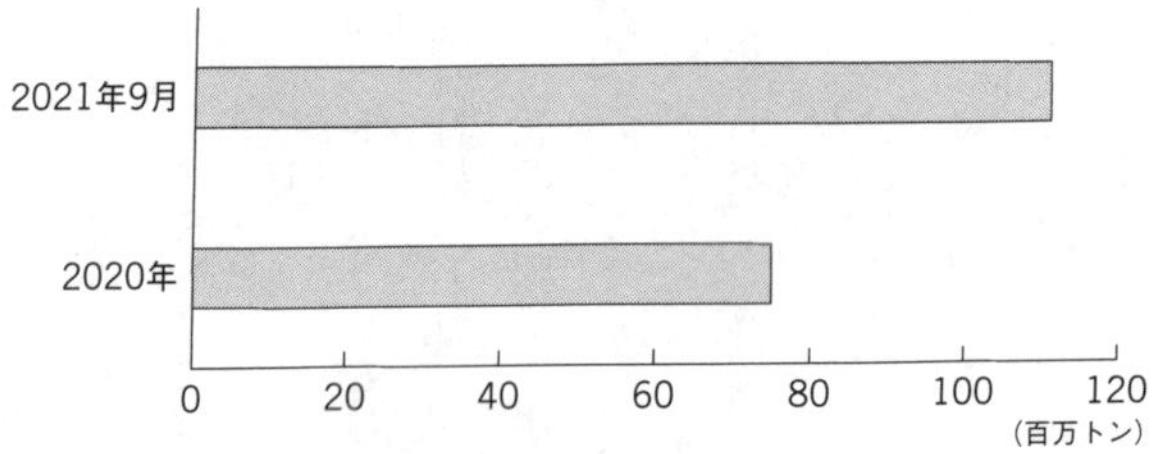

（出典）GLOBAL CCS INSTITUTE

ロシアによるウクライナ侵攻でエネルギー安全保障への懸念が強まったことで、とくにヨーロッパでは需要が高まる可能性がある。

ただ、こうした進展にもかかわらず、国際エネルギー機関（IEA）の実質ゼロシナリオのレベルに地球温暖化を抑えるために必要な水準には及ばず、目標達成には30年以降、CCUSへの積極的な投資が必要だと指摘している。

CCSについては批判もある。米政6億（GAO）は、米エネルギー省の投資につの施設だと指摘した。[29]「8つの石炭プロジ8400万ドルを提供し、稼働撤回、1つは操業をけ。2つは資金提供を受け4つは建設開始したが、経済状況の変化により停止。

前に資金提供契約を終了した」と指摘した。

米エネルギー経済・財務分析研究所(IEEFA)も辛辣だ。CCSに民間の資金がなかなか集まらない現状を指摘したうえで、「米政府のCCS支援は政治的には必要だが、環境的には間違えている。老朽化した石炭発電所を二酸化炭素の工場に変えるよう促している」としている[30]。

グリーン水素にしても、CCSにしてもまだ黎明《れいめい》期で課題も抱えている。グリーン水素の増産には、電気分解に使う風力、太陽光発電の電力量を増やすことが必要だが、金属価格の高騰で発電施設の建設には逆風が吹いている。いずれも本格的な普及には時間がかかりそうだ。

スコープ3は「公約」と見なされる

世界のメーカーが、使用する金属や部品の温暖化ガス排出量に目を光らせ、改革に乗り出している。独高級車メーカーのメルセデス・ベンツは21年、スウェーデンのベンチャー企業に出資し、排出量の少ないグリーン鉄鋼を調達すると発表した。グリーン鉄鋼は電気分解などで生成した水素をエネルギー源に使っている。

米アップルは英豪資源大手リオティントとグリーンアルミニウムで提携した。メーカーは割高ではあってもグリーンな金属を選好し始めた。金属の品質を評価する基準に、排出量まで含むようになった。

こうした改革の1つのきっかけは、メーカーが温暖化ガス排出量のスコープ3の削減目標を掲げ始めたことだ。スコープ1、スコープ2に比べ削減目標の達成が難しいとされるが、あえてそこに踏み出した。

スコープ3の削減目標の発表は半ば公約と見なされる。アドバルーンを上げるだけの発表は許されない時代で、株主からも厳しい目でチェックされる。

こうしたメーカーの動きは、従来のように化石燃料をエネルギー源にして金属を製造する資源会社には厳しい。メーカーと金属製品や部品を販売する長期の契約を結んでいるからと安心していても、契約が切れた途端、ほかの資源会社に乗り換えられるリスクが増えるからだ。

資源会社に転身のチャンス

逆風の吹く状況をチャンスと捉える資源会社は生き残りの手掛かりを得ることになる。「電気自動車メーカーのようなエネルギー転換を推進する企業は、使用する材料がESG認証を受けていることを消費者に伝えたいと考えている。（資源会社は）気候変動対策における信頼できるパートナーとして位置づけられる機会が生まれた」。米法律事務所ホワイト・アンド・ケースは資源会社を対象にした調査リポートでこう指摘した。[31]

実際、鉱業や金属会社の意識は大きく変わろうとしている。調査ではエネルギー転換素材に重点を置いて投資を増やすとの回答が前年の6％から31％に大きく伸びた。従来のように生産者目線で鉱物を採掘する時代から、メーカーの動向をにらんだ生産へと姿勢が変わったことをうかがわせる。

グリーン化に対応できる資源会社は、メーカーから選好され、成長のカギを手にする。温暖化ガス排出量の多い石炭関連の事業からの撤退を迫られ、後ろ向きの処理に追われることが増えた資源会社。脱炭素時代を追い風に変えることができれば、株式市場でも勝者になる。

スコープ3まで公表している企業は世界にまだ3000社程度とみられる。企業が排出する温暖化ガスの大半がスコープ3という現実を考えると、十分に浸透しているとはいえないが、公表を促す動きはすぐそこまで来ている。22年3月、SECは上場企業にスコープ1、スコープ2の開示を義務付ける案を示した[32]。いずれスコープ3の開示義務化が始まるとみられている。

M&Aの裏に隠れる排出量

資源大手が化石燃料に関わる事業を縮小し、グリーン事業に軸足を移すことは、温暖化ガス排出量削減の観点からは前向きに評価されるべきことだ。しかし、この動きを見るだけでは半分しか見たことにしかならない。縮小した化石燃料事業はその後どうなったのか。従業員も資産も抱えた事業をそのまま清算したわけではなさそうだ。

「石油会社の資産はかなりの割合で上場企業から非上場企業に流れている。そうした資産は環境に配慮している企業から流出していることになる」。

米ＮＧＯの環境防衛基金（ＥＤＦ）が22年5月に発表したリポートは、石油会社の見落としがちな一面を伝えた[33]。環境防衛基金は17年から21年までの世界の石油・ガスの上流部門のＭ＆Ａ（合併・買収）データを分析した。

17年以降、155の案件で実質ゼロエミッションを目指す企業から資産が移動。298の案件では環境の公約を掲げる企業から掲げていない企業に、211件の案件ではメタン削減目標のある企業から目標のない企業へ資産が移動していた。

「売り手が排出量を削減したように見えるが、実際には汚染が、基準の低い企業に移行しているにすぎない」と指摘。「何百万トンもの排出が世間の目から永久に消えることになる。これらの油田やその他の資産が、監視の行き届かない中で老朽化するにつれ、環境問題は悪化する一方だ」と懸念を示した。

上場企業は環境データを厳しい基準で公表することを義務付けられているが、非上場企業に化石燃料事業が移ってしまうと、その事業の開示が不十分になる。全体でみると、開示が後退する可能性を指摘している。

石油メジャーは、新規の環境事業重視に転換する過程で、旧来の化石燃料事業は撤退しているというより、非上場企業に売却している部分も大きい。化石燃料企業の株主が環境派から環境意識の低い企業に交代したように、化石燃料事業も、株主の目の届きにくい非上場企業に移管されているなら、地球規模で見たとき、温暖化ガス排出量を削減する効果は限られるだろう。

南アフリカの石炭企業トゥンゲラ・リソーシズが市場で話題だ。21年6月の上場以降、22年4月までで株価は約10倍に跳ね上がった。もともと資源大手アングロ・アメリカンが株を保有していたが、21年6月に保有株をすべて売却し南アの石炭事業から撤退した。

アングロ・アメリカンにとっては石炭事業の縮小だが、トゥンゲラにとっては石炭事業を拡張する機会になった。石炭事業の拡張に異を唱えるオーナーがいなくなり、新しい炭鉱の開発を計画しているという幹部の発言も伝わる。

世界的な資源メジャーによる化石燃料事業の売却は、その先まで見ないと、地球レベルの温暖化ガス排出量への効果は見極められない。

気候変動対策への効果は

そもそも、地球温暖化対策の国際的枠組み「パリ協定」は産業革命前からの気温上昇を2度未満、できれば1・5度以内に抑えることを目指した。その実現のために、30年までに二酸化炭素排出量を10年の水準より半減させ、50年までに実質ゼロエミッションにする必要がある、というのが世界的なコンセンサスだ。

では、企業が進めている取り組みは、実際にこのプロセスにどれだけ貢献しているのだろうか。本当に実効性のある取り組みをしているのだろうか。

この疑問に、気候変動に関するエンゲージメントを推進する投資家グループ「クライメート・アクション100+」が答えを示した[34]。

166社を対象に評価した結果、69%が50年またはそれ以前に自社の全排出量またはその一部に実質ゼロエミッションの達成を約束していたが、大多数の企業はパリ協定の目指す「1・5度以内」に合わせた中期的な削減目標を設定していなかったという。スコープ3を含む全ての温暖化ガス排出をカバーする実質ゼロ目標を設定しているのは

42％だけだった。

つまり、各社が独自に積極的に温暖化対策に取り組んでいるとはいえ、それは世界のコンセンサスと歩調が合ったものではない可能性がある。パリ協定の達成に不可欠な取り組みの水準と、実際の企業の取り組みとの間には大きなギャップがあるとみられる。

とくに、石油会社39社のうち、50年の排出量目標を完全な形で示したのはエニ、エクイノール、オクシデンタル石油、シェル、トタルエナジーズの5社だけだったという。

国際エネルギー機関は「1・5度」の目標達成には新たな石油、ガスの探査、生産はあり得ないと明確にしたが、「クライメート」は「ほぼ3分の2の企業が2度未満に抑えることと矛盾するプロジェクトを依然として承認している」と分析した。

環境重視か、資源確保かのはざまで苦悩している間に、２０５０年のタイムリミットがじわじわ近づいてくる。

再生エネ発電の脆弱さ

電力会社が再生可能エネルギーに移行することは時代の要請だ。ところが、再生可能エネルギーを使った発電にはそもそもの脆弱さがある。風力発電は自然を相手にするため、発電量はまさに風任せだ。欧州では風力不足が一因で、21年の電力危機につながった。

太陽光も気候変動の影響を受ける。プリンストン大学の研究チームによると、気候変動で地球の表面温度が上がると、湿度が上がり、雲が増え、曇りの日が増える。少ない日照時間は太陽光発電にマイナスだ。現在、太陽光発電に好適とされる温暖な米南西部のような地域が将来は適さなくなる可能性があるという[35]。

「気候変動の脅威は今後30年以上、米電力会社に大きなリスクをもたらす」。米格付け会社S&Pグローバル・レーティングはこう警鐘を鳴らす[36]。

水力発電には異常気象による干ばつが響く。21年、米西部の広い地域で、第31代大統領の名前を冠するフーバーダムを始め、各地のダムの貯水量は記録的な水準に低下し、水力発電が大きな打撃を受けた。ダム上流の川が枯渇すると水力発電は手の施しようがない。

そもそも現在、世界全体のエネルギー消費に占める風力発電の割合は３％で、太陽光

図表5-11　水力、風力、太陽光のエネルギー消費に占める割合（2020年）

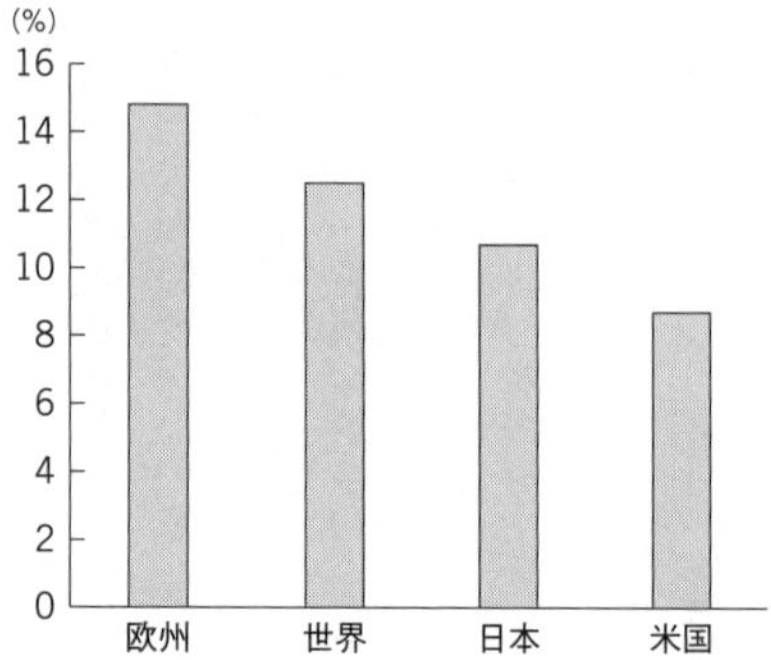

（出典）BP Statistical Review of World Energy

発電は1%にすぎない（BP調べ、図表5―11）。10年、20年後に伸びるとしても、それまでの間は化石燃料に依存せざるを得ない。

　IEAを先頭に、世界が脱炭素の設計図を描き、実質カーボンゼロの2050年に向け突き進み始めた。ただ、その過程で、必要な資源をどう確保するかという極めて重要な課題を置き忘れていないだろうか。

　資源はカオスの時代に入った。不要とされた化石燃料に依存せざるを得ない矛盾。脱炭素時代に簡単に増産できない現実。鉱山に逆風が吹く一方で、EVを中心に金属需要が爆発的に拡大するジレンマ。食料の増産を阻む肥料高騰の影。期待の高まる再生可能エネルギーに吹く逆風。

環境重視か、資源確保かの問いはゼロエミッションの2050年まで続くかもしれない。

エピローグ

機能しなくなった見えざる手

原油の世界が投資マネーに翻弄される姿を描いた小著『オイル・ジレンマ』（日本経済新聞出版）を出版してから15年が経過した。その間、資源を取り巻く環境は劇的に変化した。脱炭素の理念が猛スピードで駆け出し、置き去りにされた資源は供給不足で価格が高騰し始めた。

各地で起きる異常気象は、ゼロエミッションを急がないと大変だ、という危機感を生んだ。一方で、産業革命から慣れ親しんできた化石燃料の消費はなかなか減らない。想定とは逆に石炭の消費量は増え始める。脱炭素の前提が崩れつつあることで資源はカオス状態に陥った。

投資の世界ではダイベストメントが盛り上がり、これこそが先端的な投資行動とされた。ところが、いま反省の機運が強まっている。リスク分散で資産を守ってきた投資家が、化石燃料株を除外すると分散投資の否定につながらないか。ＥＳＧ基準を重視した投資についても、リターンを二の次にする投資は長続きするだろうか。こんな疑問が出始めた。

産業も投資も脱炭素の取り組みは始まったばかりで、まだ何が正解かが分からない段階にあるのだ。

２０２０年から資源を取り巻く状況は急転回した。コロナ禍で化石燃料の需要が落ち、ニューヨーク市場で原油相場がマイナスになったのが20年4月。それから1年経過し、需要回復が顕著になると、需要、供給の両面で矛盾が一気に噴き出した。さらに1年経過すると、ロシアによるウクライナ侵攻で、事態がより深刻なことが分かり始めた。

猛スピードで進む脱炭素と、カオス状態に陥った資源はもつれた糸のようだ。簡単にほぐすすべが見つからない。

古代ギリシャの演劇では、話がこじれると、絶対的な力を持つデウス・エクス・マキナ（機械仕掛けの神）が突然現れ、解決する演出法があった。

つい最近まで、この神の役割を市場が果たしていた。化石燃料の需要が増えると、価格が高騰し、対応して供給が増える。価格が高騰すると需要は落ち始める。神は見えざる手を持っていて、落としどころを見つけてくれた。

脱炭素時代には、原油や石炭の需要が増え、価格が高騰しても供給は簡単に増えない。金属が高騰しても、ＥＶや再生可能エネルギーの需要は衰えない。神の見えざる手は働きにくくなっているのだ。

資源がカオスに陥った原因の１つは、環境の未来図の描き手と資源の未来図の描き手が異なることにある。両方のバランスを取って、全体最適を考える役割の人がいない。全てを解決してくれるデウス・エクス・マキナは果たして現れるのだろうか。

日本の役割とは

翻って日本。化石燃料、金属、農作物の多くを輸入に頼る。地政学リスクにさらされ、輸入価格の高騰を通じて資源カオスに直面せざるを得ない。

化石燃料への依存度を下げ、再生可能エネルギーへの移行を急ぐ。ＥＶ用にリチウムなどを使わない代替電池の開発を進める。食料の自給率を上げる。資源を持たない日本は漸進的で地道な策で備える以外に対応できない。

新しい技術を開発した、と華々しく打ち上げても、いつ、どれだけ温暖化ガスの排出量を減らせるか、それによって資源の利用量をどれだけ減らせるかを示さない限り、張り子の虎になってしまう。

投資の分野では日本は遅れを指摘されることが多い。例えば運用機関などにＥＳＧ要因の考慮を求める国連の責任投資原則（ＰＲＩ）。世界の主要運用機関が署名済みだが、国内の企業年金で署名したのは数社のみだ。将来の年金給付に備えた安全運用を目指すため、年金の加入者や受給者の利益を最優先する「受託者責任」を念頭に踏み出せないでいる。

これは日本が遅れていると批判すべきか、慎重だと前向きに評価すべきか。世界の投資家も気迷い状態にあるから、年金のように貴重な老後の資金ならなおのこと、リターンを最重視しない投資に戸惑いがあることに理解を示す向きもある。

ＥＳＧ投資に総論で賛成する世界の投資家も、各論になると投資基準をどうするかなど課題に直面している。世界の潮流だからといって無批判に受け入れる前に、立ち止まって吟味して、本当に意味のある環境対策を考えるのが、後ろから追いかける日本の選択だろう。

環境対策を「善」として、資源確保を「悪」と見なす風潮がある。これは現実を見ない乱暴な議論ではないだろうか。これまで指摘してきたように、ゼロエミッションが実現するまでの間、化石燃料は欠かせないし、金属が不足すると環境対策は進まない。勧善懲悪の二元論に立つと、環境と資源は両立しえない存在と考えてしまうが、実際には不即不離の関係にあるのだ。新しい発想で環境と資源を捉え直す必要があるだろう。

本書は日本経済新聞、日経ヴェリタスに執筆した記事をもとに大幅加筆し構成した。環境と資源を巡る問題を考える一助になれば幸いである。

Commission)

24 Strategic Advantages of Green Hydrogen Imports for the EU (the Rocky Mountain Institute)

25 Biden–Harris Administration Announces Over $2.3 Billion Investment To Cut U.S. Carbon Pollution (Department of Energy)

26 ExxonMobil planning hydrogen production, carbon capture and storage at Baytown complex (ExxonMobil)

27 2022 INVESTOR DAY (ExxonMobil)

28 Carbon capture capacity poised to surge more than 10 times by 2030, but aggressive investment needed to meet mid–century targets (Rystad Energy)

29 CARBON CAPTURE AND STORAGE Actions Needed to Improve DOE Management of Demonstration Projects (United States Government Accountability Office)

30 IEEFA U.S.: Coal–fired carbon capture projects are waste of tax dollars (The Institute for Energy Economics and Financial Analysis)

31 Mining & metals 2022:ESG and energy transition – the sector's biggest opportunity (WHITE & CASE)

32 SEC Proposes Rules to Enhance and Standardize Climate–Related Disclosures for Investors (The Securities and Exchange Commission)

33 Transferred Emissions: How Risks in Oil and Gas M&A Could Hamper the Energy Transition (Environment Defense Fund)

34 Net Zero Company Benchmark (Climate Action 100+)

35 Climate change could mean fewer sunny days for hot regions banking on solar power (High Meadows Environmental Institute)

36 Keeping The Lights On: U.S. Utilities' Exposure To Physical Climate Risks (S&P global Ratings)

World Benchmarking Alliance)
11 Aggregate Confusion: The Divergence of ESG Ratings (Florian Berg, Julian F Kölbel, Roberto Rigobon)
12 Treasurer Moore Announces Board of Treasury Investments Ends Use of BlackRock Investment Fund (West Virginia)
13 Lt. Gov. Dan Patrick: Letter to Comptroller Hegar to Place BlackRock at the Top of the List of Financial Companies that Boycott the Texas Oil & Gas Industry (The State of Texas)
14 Larry Fink's 2020 letter to CEOs A Fundamental Reshaping of Finance (BlackRock)
15 LARRY FINK'S 2022 LETTER TO CEOS The Power of Capitalism (BlackRock)
16 ESG in a pandemic world (RBC Global Asset Management)
17 Shareholder Proposals: Staff Legal Bulletin No. 14L (CF) (Division of Corporation Finance Securities and Exchange Commission)
18 THE DISTORTIONS OF CHEAP ENERGY (GOEHRING & ROZENCWAJG)
19 Solar Market Insight Report 2021 (the Solar Energy Industries Association and Wood Mackenzie)
20 US probe into solar imports threatens almost two–thirds of planned capacity additions in 2022 (Rystad Energy)
21 North American Renewable Energy Prices Skyrocket Nearly 30% in One Year, Threatening Corporate and Federal Net Zero Ambitions (LevelTen Energy)
22 Green Hydrogen in a Circular Carbon Economy: Opportunities and Limits (ZHIYUAN FAN, EMEKA OCHU, SARAH BRAVERMAN, YUSHAN LOU, GRIFFIN SMITH, AMAR BHARDWAJ, DR. JACK BROUWER, DR. COLIN MCCORMICK, DR. JULIO FRIEDMANN COLUMBIA Center on Global Energy Policy)
23 A Hydrogen Strategy for a climate neutral Europe (European

payouts（the Environmental Working Group）
11 Tightness in Grain Markets（GOEHRING & ROZENCWAJG）
12 ESG Matters – Global Food security: environmental meets social（Bank of America Securities）

【第5章】

1 SUSTAINABLE DEBT GLOBAL STATE OF THE MARKET 2021（Climate Bonds Initiative）
2 ESG Matters – Global Greenium: It's in there（Bank of America Securities）
3 Green Bond Principles Voluntary Process Guidelines for Issuing Green Bond（International Capital Market Association）
4 Green bonds and carbon emissions: exploring the case for a rating system at the firm level（Bank for International Settlements）
5 Government Pension Fund Global: Exclusion and observation decisions（NORGES BANK）
6 Norges Bank investments: Comparisons to Canada and 'Not Free' countries Citing ethics as reason to divest from Canada's oil sands, Norwegian wealth fund continues to invest in nations with dubious democratic records（Canadian Energy Centre）
7 Letter– Engine No. 1 Letter to the Exxonmobil Board 12–7–20（Engine No.1）
8 Review and Analysis of 2021 U.S. Shareholder Activism and Activist Settlement Agreements（Sullivan & Cromwell）
9 SEC Gives Green Century the Greenlight to Put Landmark Climate Proposal on Chubb's Annual Meeting Ballot（Green Century Capital Management）
10 CHRB response to the destruction of a 46,000–year–old Aboriginal heritage site by Rio Tinto at Juukan Gorge in Western Australia on 24 May 2020（the Corporate Human Rights Benchmark and the

circularity in battery raw material supply chains（Glencore）
27 Metals for Clean Energy : Pathways to solving Europe's raw materials challenge（KU Leuven and commissioned by Eurometaux）
28 Foreign Mineral Supply Chain Dependence Threatens U.S. National Security（Citizens for Responsible Energy Solutions）
29 Biden Administration Announces $3.16 Billion from Bipartisan Infrastructure Law to Boost Domestic Battery Manufacturing and Supply Chains（Department of Energy）

【第4章】

1 World Food Situation（The Food and Agriculture Organization of the United Nations）
2 Yara initiates Belarus sourcing wind–down due to effects of sanctions on supply chain, while continuing safety program and trade union support（Yara）
3 ESG Matters – Global Food security: environmental meets social（Bank of America Securities）
4 World Agricultural Supply and Demand Estimate（The U.S. Department of Agriculture）
5 Agriculture and Food Security: Casualties of the War in Ukraine（The Center for Strategic and International Studies）
6 Russian sanctions and supply chain monitoring: Weekly Roundup War hits Ukraine wheat outlook（Kayrros）
7 ESG Matters – Global Food security: environmental meets social（Bank of America Securities）
8 Extreme weather and climate events heighten humanitarian needs in Madagascar and around the world（The United Nations World Food Programme）
9 U.S.Drought Monitor April 26、2022
10 Crop losses from climate crisis cost billions of dollars in insurance

11 Metals Demand From Energy Transition May Top Current Global Supply（International Monetary Fund）
12 Mineral requirements for clean energy transitions（International Energy Agency）
13 FACT SHEET: Securing a Made in America Supply Chain for Critical Minerals（THE WHITE HOUSE）
14 Tesla says it needs graphite from China for batteries, requests tariff waiver（CNBC）
15 Nyrstar curtails production at its European smelters（Nyrstar）
16 Harnessing the sun: how rising solar power demand impacts base metals Solar is shining on aluminium, copper and zinc（Wood Mackenzie）
17 Global Metals Weekly : Aluminium angst（Bank of America Securities）
18 Global Metals Weekly : The war and hydrogen make PGMs even more precious（Bank of America Securities）
19 Helium – Global Market Trajectory & Analytics（RESEACH AND MARKETS）
20 BLM announces disposal process for Federal Helium System（U.S.Department of the Interior Bureau of Land Management）
21 SEC Charges Brazilian Mining Company with Misleading Investors about Safety Prior to Deadly Dam Collapse（Securities and Exchange Commission）
22 Update on LBIP permitting process（AngloAmerican）
23 Transition Minerals Tracker: Global analysis of human rights in the energy transition（Business & Human Rights Resource Centre）
24 Rubio Grills Volkswagen on Hypocritical Ties to Chinese Companies Responsible for Rampant Human Rights Abuses
25 Exiting the Fossil Fuel Era（Tesla）
26 Glencore and Li–Cycle announce innovative partnership to advance

sustainable energy（The European Commission）
15 The EU plan to reduce Russian gas imports by two–thirds by the end of 2022: Practical realities and implications（The Oxford Institute for Energy Studies）
16 EU Taxonomy: Commission presents Complementary Climate Delegated Act to accelerate decarbonisation（European Commission）
17 China becomes the world's largest LNG market（Wood Mackenzie）
18 The Global Natural Gas Crisis is coming to North America（GOEHRING & ROZENCWAJG）

【第3章】
1 New research by Global Palladium Fund highlights optimism towards copper and its role in global economic growth（GLOBAL PALLADIUM FUND）
2 Global metal weekly The last hurrah in copper mine supply growth（Bank of America Securities）
3 The Potential Earnings Power of Copper Miners（GOEHRING & ROZENCWAJG）
4 $100 Billion Investment Needed to Address Copper Supply Deficit（MiningNewsWire）
5 Thirteen New Electric Vehicle Battery Plants Are Planned in the U.S. Within the Next Five Years（United States Department of Energy）
6 Powering up: Global battery demand to surge by 2030, supply headaches on the horizon（Rystad Energy）
7 dbSustainability Is lithium a 'green' alternative?（Deutsche Bank）
8 Government revokes spatial plan for Jadar（Government of Serbia）
9 The Role of Critical Minerals in Clean Energy Transitions（International Energy Agency）
10 U.S, Geological Survey Releases 2022 List of Critical Minerals（United States Geological Survey）

【第２章】

1 Coal 2021 Analysis and forecast to 2024（International Energy Agency）

2 Global CO_2 emissions rebounded to their highest level in history in 2021（International Energy Agency）

3 India falls 7.6% short of coal supply targets to utilities in April（Reuter）

4 BRIEFING: 12.8 GW of Chinese overseas coal projects cancelled, but 19 GW could still go ahead（Centre for Research on Energy and Clean Air）

5 Don't call it a comeback: Coal power increased in Europe in 2021 on gas supply concerns and limited alternatives（Rystad Energy）

6 Preliminary US Greenhouse Gas Emission Estimates for2020（Rhodium Group）

7 Climate Report 2020: Pathway to Net Zero（Glencore）

8 PEABODY ANNOUNCES LAUNCH OF R3 RENEWABLES, A JOINT VENTURE IN COLLABORATION WITH RIVERSTONE CREDIT PARTNERS AND SUMMIT PARTNERS CREDIT ADVISORS（Peabody Energy）

9 Larry Fink's 2020 letter to CEOs A Fundamental Reshaping of Finance（BlackRock）

10 THE COLLAPSE OF THE GLOBAL COAL PIPELINE（global energy monitor）

11 BlackRocks neue Policy betrifft weniger als 20% der Kohle–Industrie（Urgewald）

12 Neue Recherche enthüllt Banken und Investoren hinter globaler Kohleindustrie（Urgewald）

13 How Europe can cut natural gas imports from Russia significantly within a year（International Energy Agency）

14 REPowerEU: Joint European action for more affordable, secure and

ROZENCWAJG)
14 2021 global oil and gas discoveries projected to sink to lowest level in 75 years（Rystad Energy）
15 Oil price could hit $200/b without new investment in upstream sector: Omani minister（S&P Global など）
16 Oil and Gas Activity Continues Expanding; Cost Pressures Intensify（Dallas Fed Energy Survey）
17 Energy Landscape（Total Energies）
18 World Energy Outlook 2021（U.S. Energy Information Administration）
19 Growing Uncertainty Over Energy Demand Highlighted In New Outlooks Comparison Report （International Energy Forum）
20 THE IEA USHERS IN THE COMING OIL CRISIS（GOEHRING & ROZENCWAJG）
21 UNITED STATES SECURITIES AND EXCHANGE COMMISION FORM 8-K CURRENT REPORT PIONEER NATURAL RESOURCES COMPANY
22 Meld. St.36（2020–2021） Energi til arbeid – langsiktig verdiskaping fra norske energiressuser
23 IEA–Net Zero by 2050（The Norwegian Oil and Gas Association）
24 CAPP Projects Investment in Canada's Natural Gas and Oil Sector will Rise to $32.8 Billion in 2022 （The Canadian Association of Petroleum Producers）
25 Banking on CLIMATE CHAOS FOSSIL FUEL FINANCE REPORT 2022
26 Media Statement On Bay du Nord Announcement – March 4, 2022（Sierra Club Canada）
27 Supreme Petroleum Council Approves ADNOC's 2030 Strategy and Five Year Business Plan Focused On Growth And Maximizing Value（ADNOC）
28 Saudi Vision 2030 （Saudi Arabia）

参考文献

【プロローグ】

1 Net Zero by 2050, A Roadmap for the Global Energy Sector（International Energy Agency）

【第１章】

1 Musings on OPEC+ spare capacity（Vortexa）
2 Oil Market Report – February 2022（International Energy Agency）
3 U.S. Net Imports by Country（U.S. Energy Information Administration）
4 How are North American oil and gas producers using their cash ?（Evaluate Energy）
5 Devon Energy Reports First–Quarter 2022 Financial and Operational Results
6 Devon Energy Q1 2022 Earnings Call Transcript（The Motley Fool）
7 Diamondback Energy Q1 2022 Earnings Call Transcript（The Motley Fool）
8 API Addresses Economic Club of Colorado, Underscores Importance of American Energy Leadership（The American Petroleum Institute）
9 2021/2022 Oil and Gas Oilfield Services（OFS）Compensation Report（Alvarez & Marsal）
10 Performing while transforming（BP）
11 ExxonMobil announces corporate plans to 2027 – supports approximately doubling earnings and cash flow potential, reducing emissions（ExxonMobil）
12 Global Upstream M&A Report – Annual 2021（Evaluate Energy）
13 The Incredible Shrinking Oil Majors–Part Ⅱ（GOEHRING &

山下真一 やました・しんいち

日本経済新聞社 編集 金融・市場ユニットシニアライター。1987年日本経済新聞社入社。証券部記者、シカゴ支局長、証券部次長などを経て、東京編集局法務報道部長。その後、デジタルメディア局次長、副ユニット長。2020年から現職。著書に『オイル・ジレンマ』（日本経済新聞出版）がある。

日経プレミアシリーズ 477

資源《しげん》カオスと脱炭素《だつたんそ》危機《きき》

二〇二二年七月八日 一刷

著者 山下真一

発行者 國分正哉

発行 株式会社日経BP

日本経済新聞出版

発売 株式会社日経BPマーケティング

〒一〇五―八三〇八

東京都港区虎ノ門四―三―一二

装幀 ベターデイズ

組版 マーリンクレイン

印刷・製本 凸版印刷株式会社

ISBN 978-4-296-11431-3 Printed in Japan

日経プレミアシリーズ 430

データでわかる2030年 地球のすがた

夫馬賢治

頻発する異常気象。食卓から次々と消える魚。島国でも避けられない意外な水リスク。対応迫られる「現代奴隷」問題……データが示すのは、持続可能性に黄信号が灯っている地球の姿だ。先行する欧米の取り組みや企業・機関投資家の動きも含め、日本人が知らない世界のリアルを解説。

日経プレミアシリーズ 443

さよならオフィス

島津 翔

オフィスの存在意義が揺らいでいる。働き方が新型コロナで一変し、「オフィス不要論」も飛び出した。ジョブ型って何？ 在宅勤務の労務管理どうしてる？ テレワークって続くの？ 専門記者が徹底取材。10の疑問に答えながら「働き方ニューノーマル」を解き明かす。さよならオフィス――。あなたはどこで働きますか？

日経プレミアシリーズ 453

安いニッポン 「価格」が示す停滞

中藤 玲

日本のディズニーランドの入園料は実は世界で最安値水準、港区の年平均所得1200万円はサンフランシスコでは「低所得」に当たる……いつしか物価も給与も「安い国」となりつつある日本。30年間の停滞から脱却する糸口はどこにあるのか。掲載と同時にSNSで爆発的な話題を呼んだ日本経済新聞記事をベースに、担当記者が取材を重ね書き下ろした、渾身の新書版。

日経プレミアシリーズ 459

世論調査の真実

鈴木督久

新聞による内閣支持率の違いは報道姿勢とは無関係、選挙終了直後に当確を打つ仕組み、質問の説明方法で回答数値はどう変わるか……。世論調査が政治を大きく動かす時代、誰が、誰に、何をどのように尋ね、どう報道されるのか。長く調査実務に携わった専門家が、意外な事実、驚きの裏側、深い学識をベースに民意の本当の姿をついに明かす。

日経プレミアシリーズ 460

コロナ倒産の真相

帝国データバンク情報部

アパレルの名門「レナウン」、小田原かまぼこの名店「丸う田代」、川湯温泉のホテル運営「自然塾」など、コロナ禍での23の破たんの舞台裏に迫る。資金繰りの判断ミス、無謀な投資、不正会計、横領など、信用調査マンが裏側を明かす。

日経プレミアシリーズ 463

あなたが投資で儲からない理由

大江英樹

「長期投資ならリスクは小さくなる」「リスクの大きいものはリターンも大きい」「積立投資は最強の投資方法」「株価に一喜一憂してはいけない」「初心者はまず投資信託から」――これらはすべて勘違い？　お金に関する情報があふれる時代、自分なりの判断軸を持たず振り回されていると、いつかくる暴落にただ泣くことにも。「自分の頭で考える」ための投資の考え方の基本を紹介する。

日経プレミアシリーズ465

イギリス解体の危機
ブレグジットが開けたパンドラの箱

中島裕介

英国は将来にわたって今の国のかたちを維持できるのか。ブレグジットは「パンドラの箱」を開けてしまった。独立運動が再燃するスコットランド、国境問題がくすぶる北アイルランド――。ジョンソン政権の外交政策「グローバル・ブリテン」の裏側、現地の実相を、日経新聞欧州総局の記者が、生の声も交え探る。

日経プレミアシリーズ474

東南アジア
スタートアップ大躍進の秘密

中野貴司・鈴木 淳

東南アジアで有望なスタートアップが続々誕生している。特にグラブ、シー、GoTo（ゴジェックとトコペディアが統合）の3強は巨大で、シーの企業価値は一時23兆円に到達。世界中の大企業やファンドが出資や提携を求めて殺到している。現地駐在経験が豊富な日経新聞記者が大躍進の秘密を解き明かす。

日経プレミアシリーズ476

『失敗の本質』を語る

野中郁次郎＝著　前田裕之＝聞き手

ベストセラー『失敗の本質』はどのようにして誕生し、『アメリカ海兵隊』『戦略の本質』『国家戦略の本質』『知的機動力の本質』『知略の本質』などへと展開していったのか。本書は野中氏がリーダーとなった戦史研究を俯瞰し、どのように研究を深め、自身の経営理論とどうリンクしてきたのかを、自ら解説するもの。著者が自らの知識創造の軌跡を解明する試みでもある。